Robert de la Sizeranne

La Peinture anglaise

Critique

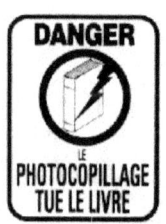
ISBN : 978-1724670496

10 9 8 7 6 5 4 3 2 1

Robert de la Sizeranne

La Peinture anglaise

Critique

Table de Matières

I. SES ORIGINES PRÉ-RAPHAÉLITES

Il y a une peinture anglaise. Voilà ce qui frappe tout d'abord quand on visite, en quelque pays que ce soit, une exposition internationale des Beaux-Arts. Tant qu'on parcourt les salles consacrées à l'Allemagne, à l'Autriche, à l'Italie, à l'Espagne, à la Belgique, à la Hollande, voire même aux Etats-Unis ou aux pays Scandinaves, on se croit toujours en France ; et, de fait, on est toujours parmi des artistes qui habitent Paris, ou qui ont fait leurs études à Paris, ou qui, au moins, suivent de loin, ceux-ci la discipline de l'école, ceux-là le mouvement révolutionnaire des coteries parisiennes. Il faut un grand luxe d'écriteaux pour se persuader devant M. Sargent qu'on a mis l'Atlantique entre soi et l'atelier de M. Carolus Duran, ou même devant M. Werenskiöld qu'on a passé la Baltique et que M. Roll n'a pas été du voyage. Au contraire, dès qu'on entre chez les Anglais, on sent qu'on n'est plus chez des compatriotes et l'on doute si l'on est encore chez des contemporains. Il semble qu'on ait mis à son doigt l'anneau des contes de fées qui transporte sur une plage très lointaine et très inconnue. Je ne veux pas dire qu'il n'y ait de talents, ni même de talents personnels, qu'à Londres. Il y en a presque partout ; mais ni l'Allemagne, avec MM. Lenbach, Böcklin, de Uhde et de Werner, ni la Hongrie avec MM. Brozik et de Payer, ni les pays Scandinaves avec MM. Krojcr, ou Heyerdahl, ou Munsterhjolm, ni la Hollande avec MM. Ncuhuys ou Martens, ni l'Espagne avec M. Pradilla ou M. Sanchez Perrier, ni la Belgique avec MM. Wauters et Jean Verhas, ni la Roumanie avec MM. Mirca et Grigoresco, ni tout autre pays qu'on voudra citer, ne nous offrent un seul groupement qui ne procède plus ou moins de nos écoles nationales. Ces artistes peuvent être habiles, quelques-uns aussi habiles que les nôtres : ils ne sont pas différents. A la vérité, sur la carte géographique, ils occupent des régions diverses, mais si l'on dressait une carte esthétique du monde, on serait obligé d'étendre à ces régions la couleur de la France, comme à des colonies de l'art français. Les îles Britanniques, au contraire, tranchent violemment sur le reste de la mappemonde. Leurs peintres semblent ignorer qu'il y a un continent. S'ils l'ont appris, ils n'y ont rien pris, et s'ils l'ont vu, ils ne l'ont pas regardé. Ils n'ont pas fait le pont sur la Manche. Il y a cinquante ans, pendant que nous adoptions une manière plus large où le dessin tenait moins de place, où le détail était sacrifié à l'ensemble, nos voisins prenaient justement le contre-pied de ce mouvement et allaient à la minutie des Primitifs. Aujourd'hui que l'école du plein air a éclairci la plupart de nos toiles, ils restent intrépidement fidèles à leurs colorations éclatantes, à leur modelé pénible et compliqué. Les assauts du réalisme, de l'impressionnisme, se brisent sur leur esthétique comme les escadrons de Ney sur les carrés de Wellington. Il y a des peintres allemands, hongrois, belges, espagnols, Scandinaves, mais il y a une peinture anglaise.

Assurément ceci n'est pas une découverte. Dès 1859, Th. Silvestre célébrait cet art auquel il trouvait « le goût du terroir, l'odeur de la patrie. » Th. Gautier y signalait « une forte saveur locale qui ne doit rien aux autres écoles », et depuis cette époque, chaque année est venue accentuer et comme creuser ces traits distinctifs. Mais la peinture anglaise n'en demeure pas moins inconnue. Au Louvre, elle n'est représentée que dans une antichambre où pas une œuvre contemporaine n'a trouvé place. Dans nos *Salons*, si M. Burne-Jones a envoyé quelques toiles, qui étaient loin de compter parmi ses meilleures, ses confrères se gardent d'imiter cet exemple et le jour est loin, sans doute, où ils viendront en masse s'exposer aux jugements du « point de vue latin ». C'est seulement aux expositions universelles, de 1855 à 1889, qu'on a pu soupçonner quelque chose de l'art des pré-raphaélites ou des académisans d'outre-Manche. Encore ce quelque chose est-il bien différent de ce qui pourrait donner une idée, sinon complète, du moins caractéristique, de la peinture anglaise. En 1889, par exemple, M. Watts n'avait pas envoyé ses œuvres typiques ; ni M. Madox Brown, ni M. Holman Hunt n'avaient exposé ; et les curieuses recherches ornemanistes de M. William Morris manquaient totalement. En sorte que nous avons une notion plus claire de l'école de Phidias ou de l'art des Pharaons que de la peinture anglaise, — qui est à deux heures de la France et qui est vivante.

Il est temps cependant de connaître cet art voisin et ignoré, car si les artistes anglais ne viennent guère chez nous, les nôtres commencent à aller chez eux et le charme de l'inconnu opère plus sûrement que ne le ferait l'étalage de la publicité. L'éloignement, la traversée qui n'est pas, pour beaucoup de Français, sans quelque pénible appréhension, la difficulté de voir les toiles des maîtres contemporains qui ne se trouvent dans presque aucun musée de Londres, mais appartiennent à des musées de province ou à des collections particulières, les portes à forcer, les démarches à faire, tout cela environne les œuvres de nos voisins d'une auréole qu'elles n'auraient point si elles étaient à côté de nos chefs-d'œuvre du Louvre, visibles pour tout venant. En esthétisme comme en amour, les barrières sont des aimants, les obstacles attirent. Depuis longtemps, dans les cénacles symbolistes, on entend prononcer avec recueillement les noms de Watts et de Burne-Jones, et beaucoup les acceptent et se les transmettent comme on fait d'un vocable magique, dont la vertu dispense de tout éclaircissement. Mais certains artistes, eux, ont regardé les œuvres ; ils s'en sont imprégnés et tout jeune peintre qui quitte Calais pour Douvres peut répéter ces mots de Gustave Doré : « Quelque chose me dit que, si je vais en Angleterre, je romprai bien des liens avec ma patrie. » Déjà l'on voit, — soit dans des œuvres séparées, comme celle de M. Tissot, soit dans les petites expositions des groupes symbolistes, — que ces novateurs n'ont pas dédaigné de puiser certaines inspirations chez les maîtres anglais. Le grand artiste dont les symbolistes se réclament, d'ailleurs indûment, M. Puvis de Chavannes, a, par sa manière de composer, certaines analogies avec les pré-raphaélites. Il n'est guère de Français allant à Londres qui n'ait fait de lui-même cette remarque, et il n'y a guère d'amateur anglais qui n'ait sur la conscience d'avoir appelé le maître de l'*Enfance de Sainte Geneviève*, « le Burne-Jones français ». D'autre part, il ne faudrait pas beaucoup chercher pour découvrir dans le procédé de nos pointillistes un souvenir de Turner et même de Watts. Ainsi, que l'on étudie l'une ou l'autre des deux tendances les plus nouvelles qui entraînent les jeunes hors des voies de l'école : l'art littéraire ou symboliste d'un côté, l'art de pur procédé de l'autre, on voit, sinon qu'elles se rattachent, tout au moins qu'elles ressemblent étonnamment à la peinture anglaise contemporaine. Il est donc utile de dire aujourd'hui quel est cet art, comment il est né ; — quels sont actuellement ses principaux maîtres et ses grandes œuvres, en quoi consiste son originalité maîtresse ; — enfin, pour tirer de cette étude quelque conclusion d'avenir, ce qu'il faut en craindre ou en espérer.

I

Il y a un demi-siècle qu'un jeune artiste alors sans notoriété, et encore aujourd'hui sans gloire, rentrait en Angleterre après avoir travaillé à Anvers, à Rome et à Paris. Dans ses bagages, il y avait des dessins, des projets de fresques et de tableaux d'histoire faits à Paris, mais en opposition avec toutes les idées françaises. Peu de temps auparavant, il avait envoyé à une exposition une grande composition sur Guillaume le Conquérant. Ce jeune homme que berçaient peut-être alors les plus beaux rêves d'ambition ne devait jamais voir luire le jour des grands succès. C'était à une conquête cependant qu'il marchait, comme le héros de son tableau, et ce qu'il apportait à son pays dans ses bagages, c'était la peinture anglaise contemporaine.

En effet, s'il suffit d'une promenade dans une exposition universelle pour sentir qu'il y a un grand art national en Angleterre, il ne faut qu'une visite dans un musée de Londres pour s'apercevoir que cet art ne date pas de très loin. Allez à la Galerie Nationale, sur cette place de Trafalgar où le génie militaire anglais a dressé ses deux plus grandes figures de héros : Nelson et Gordon ; ou bien au musée de South Kensington, dans ces *halls* immenses où tous les arts plastiques, tous les styles, toutes les écoles sont offerts à votre étude, avec un esprit didactique et un confortable éminemment anglais, et cependant vous pourrez souvent vous croire au Louvre. Jusqu'en 1848, on admire, mais on ne s'étonne pas. Reynolds et Gainsborough sont de grands maîtres ; mais ils font de la peinture du XVIIIe siècle en Angleterre et non de la peinture anglaise au XVIIIe siècle. Leur esthétique est celle de toute l'Europe au temps où ils vivaient. Plus tard Lawrence peint chez nos voisins comme Gérard chez nous. En parcourant ces salles, on voit d'autres tableaux, mais non une autre manière de peindre, ni de dessiner, ni même de composer et de concevoir un sujet. Seuls, les paysagistes, Turner et Constable en tête, donnent, dès le début du siècle, une note nouvelle et puissante ; mais ils sont si rapidement suivis et dépassés par les Français, qu'ils ont plutôt la gloire de créer un nouveau mouvement en Europe que la chance d'assurer à leur pays un art national. Quant aux autres, — les Haydon, les Wilkie, les Landseer, les Ward, les Eastlake, les Etty, les Mulready, les Maclise, les Egg, les Stothard, les Leslie, — ils font avec plus ou moins d'habileté la peinture qu'on fait partout. On s'intéresse une minute à leurs chiens, à leurs chevaux, à leurs politiciens de village, à toutes ces petites scènes de genre, d'intérieur et de cuisine, qu'ils traitent moins bien que les Hollandais, et l'on passe… Rien ne fait prévoir qu'il va sortir de tout cela quelque chose de neuf et de grand. Par moments, un éclair d'étrangeté illumine cette vie raisonnable et prosaïque. Un petit tableau de Blake nous montre le premier ministre Pitt sous la forme d'un ange, en robe vert et or, conduisant à travers les nuées le parlement anglais, sous les apparences d'un monstre décrit dans le livre de Job. Puis tout s'assoupit de nouveau : petites gens, petites histoires, petite peinture. Une couleur glabre, lustrée, plaquée sur du bitume, fausse sans vigueur, confite sans finesse, trop noire dans les ombres, trop brillante dans les clairs. Un dessin mou, hésitant, vaguement généralisateur. Et l'on songe, en approchant de la redoutable date 1850, au mot prononcé par Constable en 1821 : « Dans trente ans, l'art anglais aura vécu. »

Et cependant, si l'on regarde bien, deux caractéristiques sont là, sommeillantes, qui à l'appel d'un prince de l'art se lèveront et enchanteront les imaginations contemporaines. D'abord, l'intellectualité du sujet. De tout temps, les Anglais se préoccupent de choisir des scènes intéressantes, voire un peu compliquées, où l'esprit ait autant à saisir que les yeux, où la curiosité soit piquée, la mémoire mise en jeu, le rire ou les larmes provoqués par une histoire muette. Quand vous êtes au musée de Kensington, dans les salles de la collection Sheepshanks, vous saisissez au vif ce goût britannique. Vous rencontrez, côte à côte, se touchant, une scène du *Bourgeois gentilhomme*, une scène du *Malade imaginaire*, une scène des *Femmes savantes*, trois de *Don Quichotte*, une des *Joyeuses commères de Windsor*, de *Mon oncle Tobie*, de *la Mégère apprivoisée*, de l'*Homme au bon naturel*, puis le *Refus* tiré de Duncan Grey, puis *Portia et Bassanio*, en un mot le théâtre et le roman de tous les pays. Ces toiles sont signées : Wilkie, Callcott, Redgrave, Frith, Leslie. C'est l'art de la première moitié du siècle. Déjà s'affirme cette idée, d'ailleurs bien lisible chez Hogarth, que le pinceau est fait pour écrire, pour raconter, pour instruire, non simplement pour éblouir. Seulement, ce qu'il raconte avant 1850, ce sont des actions mesquines ; ce qu'il exprime, ce sont de petits travers, des ridicules ou des sentiments bornés ; ce qu'il enseigne, ce sont des articles du code de civilité. Il joue le rôle de ces cahiers d'images qu'on donne aux enfants pour leur montrer où conduisent la paresse, le mensonge ou la gourmandise. — L'autre qualité est l'intensité de l'expression. Quiconque a vu des chiens de Landseer, ou tout simplement, dans les journaux illustrés anglais, quelqu'une de ces études d'animaux où l'*habitus corporis* est serré de si près, l'expression si recherchée, le tour de tête si intelligent, si différent selon que l'animal attend, craint, désire, interroge son maître ou réfléchit, pourra aisément comprendre ce que signifie ce mot : intensité d'expression. Ce n'est pas seulement justesse qu'il faut dire, car ce ne serait point là une caractéristique de l'art anglais. Nos animaliers du XVIIIe et du XIXe siècle attrapent, eux aussi, l'expression juste, et pourtant quelle différence entre les chiens d'Oudry où de Desportes qui sont au Louvre et ceux de Landseer à la Galerie Nationale de Londres ! Mais de même que l'intellectualité du sujet ne se voit, avant 1850, qu'en des sujets qui n'en valent pas la peine, de même l'intensité d'expression n'est obstinément recherchée et heureusement atteinte que dans les représentations des figures animales. La plupart des figures humaines ont des attitudes banales, filles du mannequin, sans modalité expressive, ni vérité spécifique, ni précision pittoresque, mises sur des fonds imaginés à l'atelier, accommodées *de chic* à la sauce académique, d'après des principes généraux, excellents en soi, mais mal compris et paresseusement appliqués, se perdant, s'évanouissant dans des souvenirs de moins en moins lucides des beaux jours de Reynolds et de Gainsborough.

Tel était l'art en Angleterre, lorsque Ford Madox Brown revenait d'Anvers et de Paris avec une révolution esthétique dans ses cartons. Je ne veux pas dire que toutes les tendances qui ont prévalu depuis cette époque, toutes les individualités qui se sont développées, soient sorties de cet artiste, ni qu'au moment où il débarquait, personne parmi ses compatriotes ne sentît, ni ne rêvât les mêmes choses que lui. Mais si l'on songe, qu'en 1844, lorsque fut exposé *Guillaume le Conquérant*, rien de ces choses nouvelles n'était apparu, que Rossetti avait seize ans, Hunt dix-sept, Millais quinze, Watts vingt-six, Leighton quatorze, Burne-Jones onze et qu'aucun de ces maîtres n'avait, par conséquent, accompli sa formation ; si l'on songe ensuite que la façon de composer, de dessiner et de peindre inaugurée par Madox Brown se retrouve aujourd'hui, cinquante ans après sa première œuvre, dans les tableaux de Burne-Jones, après avoir passé par ceux du maître de Burne-Jones, Rossetti, il faut bien reconnaître à l'exposant de 1844, le rôle décisif du semeur, là où les autres n'ont fait que labourer avant l'heure, ou moissonner une fois la récolte venue.

Qu'y avait-il donc dans la main de ce semeur ? Dans sa tête, il y avait cette idée très nette que l'art périssait à cause de la généralisation systématique des formes et ne pouvait être sauvé que par le contraire, c'est-à-dire par la recherche minutieuse du trait individuel. Dans son cœur, il y avait le désir confus, mais ardent, de voir l'art jouer en Angleterre un grand rôle social, le rôle du pain, au lieu de demeurer une sucrerie réservée à la table des riches. Enfin, dans sa main, il y avait une certaine gaucherie élégante, une délicatesse un peu roide, une adresse minutieuse qu'il avait prises, en partie à l'école gothicisante du baron Wappers, à Anvers, et en partie à la contemplation directe des primitifs. Tout cela était révolutionnaire et devait, à ce titre, déplaire à l'esprit conservateur des Anglais. Mais tout cela était anti-français, anti-continental, absolument original et pour ainsi dire autonome, et, à ce titre, devait plaire à leur patriotisme. « C'est à Paris que je pris la résolution de faire des tableaux réalistes, *parce qu'aucun Français ne faisait ainsi* », a dit Madox Brown. Ne nous arrêtons pas au mot *réaliste*, qui ne signifie nullement pour un Anglais ce qu'il veut dire pour nous. Ne retenons que ce cri de ralliement contre l'école française et en faveur d'un art national.

Comme Madox Brown arrivait à Londres, on s'occupait encore de ce grand concours commencé en 1843 pour la décoration du nouveau palais de Westminster et qui n'avait pas produit moins de cent-quarante cartons signés des meilleurs artistes du temps. Ce tournoi esthétique est une date dans l'histoire des arts en Angleterre, parce qu'il fit surgir de la foule des chefs encore inconnus. Un jeune artiste formé sans maître, Watts, venait de s'y révéler. Madox Brown y avait envoyé cinq grandes compositions. La principale était un épisode de la conquête normande : *Le corps d'Harold apporté à Guillaume le Conquérant*. C'étaient là ses premiers essais dans une voie nouvelle et sa première protestation contre les vieilles méthodes et l'art officiel. Mais aucun écho n'y avait répondu. L'échec était tel, le mépris public si évident, que le jour où le jeune maître reçut une lettre signée d'un nom italien : Dante Gabriel Rossetti, dans laquelle celui-ci demandait, avec force éloges, de devenir son élève, il ne mit pas en doute que l'inconnu ne se moquât de lui. Quelques jours après, il se présenta au domicile de Rossetti. « On m'avertit, raconte le poète, qu'un monsieur demandait à me voir. Ce monsieur ne voulait ni entrer, ni donner son nom, mais attendre dans le corridor. Je descendis donc et lorsque je fus au bas de l'escalier, je trouvai Brown, tenant d'une main un grand bâton, et, de l'autre, brandissant ma lettre. En guise de salut, il me cria : « Votre nom est-il Rossetti et est-ce vous qui avez écrit ceci ? » Je répondis affirmativement, mais je me mis à trembler dans mes chausses. « Que voulez-vous dire par cette lettre ? » telle fut la question qui suivit, et quand j'eus répliqué que je voulais dire ce que je disais effectivement, que je désirais être un peintre et ne savais rien de ce qu'il fallait pour y parvenir, l'idée que cette lettre n'était pas une moquerie, mais un sincère hommage, commença de poindre dans l'intellect de Brown, et, sur-le-champ, d'antagoniste mortel, il se fit le plus doux des amis. »

Ce jeune homme, qui accourait si inopinément se ranger sous la bannière de Madox Brown, n'avait que vingt ans. C'était le fils d'un proscrit italien né dans une vieille petite cité perchée dans les Abbruzzes. Il avait fallu que le père, montagnard curieux de civilisation, descendît à Naples et y devînt, de longues années, conservateur du musée pour que les idées d'art et de grand art entrassent dans sa famille. Il avait fallu aussi que ce gardien des antiques fût un destructeur des monarchies modernes, un poète connu pour ses chants exaltés, et qu'il se fût assez compromis en 1820, pour que le retour des Bourbons l'eût jeté sur la côte anglaise. Enfin, il avait fallu qu'il épousât la sœur d'un compagnon de Byron, le docteur Polidori, pour que ses enfants recueillissent dans les souvenirs, les passions et les deuils de famille, un écho de toutes les grandes douleurs patriotiques qui troublèrent la jeunesse du siècle. Toutes ces choses peut-être étaient nécessaires pour qu'en mars 1848 l'art gothicisant de Madox Brown fît sur l'esprit d'un habitant de Londres une autre impression que celle du scandale ou du suranné. Tandis que les Anglais demeuraient indifférents à ce qui allait devenir leur art national, le jeune Italien applaudissait avec enthousiasme et, grâce aux subsides du grand-père Polidori, commençait son apprentissage de peintre. Madox Brown, pensant qu'il fallait avant tout plier cette nature fougueuse à la discipline étroite de la réalité, mit le futur auteur du *Rêve de Dante* à copier des boîtes à tabac. Rossetti, qui avait traversé les cours de l'Académie sans y apprendre grand'chose, se résignait tant bien que mal à suivre les conseils qu'il avait sollicités. Il travaillait avec impatience, avec fureur, sans ordre, sans soin, nettoyant sa palette avec des bouts de papier qu'il jetait par terre et qui allaient se coller aux bottes des visiteurs, commençant douze tableaux à la fois, puis tombant dans une prostration complète, las, dégoûté de tout et de lui-même, n'achevant rien, ne voulant plus entendre parler de rien, se roulant par terre, poussant des gémissements affreux. Puis il disparaissait pour un mois. Madox Brown ne s'en scandalisait pas, pensant que son élève avait entendu quelques voix d'en haut, l'appelant à d'autres besognes : ces voix étaient celles des « trecentistes » qu'il allait écouter dans les bibliothèques, s'essayant lui-même à faire des sonnets et des poèmes. Il envoyait ces essais aux poètes en renom, aux Leigh Hunt, aux William Bell Scott, et leur demandait, avec force éloges pour leurs vers, ce qu'ils pensaient des siens. Ce qu'il leur envoyait ainsi, en manuscrit, c'était un chef-d'œuvre de grâce et de subtilité, la *Demoiselle élue*, par exemple, et d'autres pièces moindres, sous le titre de *Chants d'art catholique*, qui faisaient frémir ces rationalistes ou ces protestants. Puis il retournait à l'atelier de Madox Brown, ou bien il reprenait avec son père, à demi aveuglé, quelque discussion sur la *Divine Comédie* que le vieillard avait commentée, ou, avec son frère William Michael et sa sœur Christina, une dissertation sur les nimbes au moyen âge. Toute la maisonnée écrivait des vers. Personne ne comprenait rien à ce tempérament de dilettante épris de tout, d'improvisateur parlant sur tout, de révolutionnaire anti-papiste occupé d'anges et de saintes, de peintre occupé de rythmes et de rimes ; et son prestige s'en accroissait singulièrement. Maigre, brun, d'aspect et d'accent étrangers, le front bombé, les yeux brillants, les cheveux tombant sur les épaules, la barbe coupée à la façon d'un pêcheur napolitain, fort négligé dans sa mise, couvert de taches, il apparaissait aux jeunes gens, qui étudiaient la bosse à l'Académie, comme infiniment supérieur au commun des buveurs de *claret*. Sa passion pour le côté pittoresque des choses, son dédain pour les découvertes de la science, son mysticisme traversé par la préoccupation de vendre très cher ses tableaux, la mobilité continuelle de son esprit, devaient déconcerter jusqu'au bout ses amis les plus intimes. Il devait tour à tour peindre, écrire, repeindre, récrire, devenir amoureux de son modèle, miss Siddal, hésiter dix ans à l'épouser, s'y décider enfin ; puis, un coup imprévu lui enlevant cette femme adorée, jeter dans son cercueil tous ses manuscrits, ses plus beaux poèmes, se refuser sept ans à les exhumer ; ensuite, changeant d'avis, procéder à cette lamentable et épouvantable cérémonie, reprendre le manuscrit enterré avec la morte et en tirer de magnifiques rentes en livres sterling. Il devait enfin, à son lit de mort, après toute une vie de complète indifférence religieuse passée au milieu de libres penseurs ou d'adversaires du romanisme, demander en grâce un prêtre, un confesseur, à ses amis atterrés...

Tandis que Rossetti copiait des boîtes à tabac dans l'atelier de Madox Brown, un de ses camarades des cours de la Royal Academy faisait des efforts désespérés, surhumains pour se créer une position indépendante d'artiste, et ainsi échapper au négoce qui était l'occupation de sa famille. Il s'appelait William Holman Hunt et était âgé de vingt et un ans. Son père, petit commerçant de la Cité, avait tout tenté pour le détourner de la carrière artistique, mais jamais prudence paternelle ne fut plus obstinément contrariée par le Destin. A douze ans, comme l'enfant passait son temps à dessiner au lieu d'apprendre, on le retira de l'école où on le plaça à titre de clerc chez une espèce de commissaire-priseur. Celui-ci surprit un jour son employé qui dissimulait quelque chose dans son pupitre, insista pour savoir ce que c'était, découvrit que c'était un dessin et ne se tint pas de joie. « C'est bon, dit-il, au premier jour de liberté, nous nous enfermerons tous deux ici et nous passerons la journée à peindre. » Cela dura un an et demi, après quoi le jeune homme fut placé dans un entrepôt de marchandises, dirigé par un agent de Richard Cobden. Là, il trouva un commis dont la principale occupation était de dessiner des ornements pour les calicots et autres étoffes de la maison. Le jeune Hunt l'aida naturellement dans cette besogne et rêva plus que jamais d'être artiste. Entre temps, il dépensait ses économies à se faire donner des leçons par un peintre de portraits, élève de Reynolds. Une vieille marchande d'oranges étant venue à son magasin offrir ses denrées, il fit d'elle un portrait si ressemblant que le bruit s'en répandit dans tout le voisinage et arriva aux oreilles du vieil Hunt. Le fils profita de cette circonstance pour déclarer qu'il serait un peintre et rien qu'un peintre. Le père, ayant épuisé, pour l'acquit de sa conscience, toutes les objections, céda devant la malice des événements, et plus fier au fond qu'il ne voulait le paraître, il s'en consola en s'en glorifiant. Mais la partie était loin d'être gagnée. Pendant longtemps Holman Hunt lutta contre la misère, se livrant pour y échapper à toutes sortes de besognes hétéroclites. Il copiait des tableaux de maîtres pour le compte d'autres copistes, retouchait des portraits qui avaient cessé de plaire à leurs propriétaires, soit qu'ils ne fussent pas assez ressemblants, soit qu'ils le fussent trop, soit que l'habit eût passé de mode. Il échouait par deux fois au concours d'entrée à la Royal Academy ; et, menacé de retourner au négoce ou à la campagne chez son oncle le fermier, il réussissait enfin après mille tracas.

Heureusement sa carrière avait çà et là quelques bons moments. Dans les cours de l'Académie, Hunt avait rencontré un jeune homme, de deux ans plus jeune que lui, presque un enfant, John Everett Millais, qui étonnait ses maîtres par de merveilleuses dispositions. A quinze ans, il avait déjà remporté la grande médaille d'études d'après l'antique et tout lui annonçait la plus brillante destinée. Les deux jeunes gens causaient souvent ensemble de l'avenir, du leur, et aussi de celui de l'Art anglais qu'ils trouvaient bien dégénéré. Ils causaient de ce coloris lourd, fade, poussé au noir, qu'on leur apprenait à l'école, le comparaient aux tonalités claires, vives, chantantes, des grands maîtres d'autrefois, et aussi de la Nature, et se demandaient comment on pourrait substituer les secondes au premier. Hunt avait été très frappé d'un mot que lui avait dit un passant, en le voyant copier, à la National Gallery, le *Violoneux aveugle*, de Wilkie : « Vous n'arriverez jamais à la fraîcheur de Wilkie, si vous peignez sur des préparations de brun, de gris ou de bitume, si vous frottez d'abord la toile de tons neutres les uns pour les ombres, les autres pour les lumières, comme on vous l'apprend à l'Académie, car bientôt ces fonds reparaîtront sous vos tons véritables et les pousseront au noir. Wilkie, lui, peignait sur toile blanche, sans préparation, et finissait son tableau morceau par morceau comme une fresque. » Ce conseil d'un inconnu venait exactement à son heure, non qu'il fût excellent en soi, mais parce qu'à un mal aigu il indiquait un héroïque remède. Hunt et Millais y songeaient tous deux et, interrogeant le peu de peintures primitives qu'ils voyaient çà et là, dans les galeries, ils se demandaient si leur éternelle fraîcheur ne venait pas de cette facture franche, sans dessous, sans mélanges habiles, sans cuisine, que les Maîtres d'avant Raphaël avaient transportée de la fresque où elle est inévitable, à la peinture à l'huile où elle fut abandonnée. Chez ces maîtres primitifs, où Madox Brown avait vu surtout des gestes non pas appris par cœur, mais individuellement recherchés, des attitudes trouvées non d'après le mannequin ou des figures fameuses des chefs-d'œuvre, mais d'après nature, eux, ils voyaient surtout une couleur claire et brillante et ambitionnaient vaguement d'y parvenir.

Avec les discussions esthétiques, la grande joie d'Holman Hunt était ses lectures. Les poètes, les historiens, les philosophes, les savants, il dévorait tout ce qui lui tombait sous la main. Comme Paul Flandrin, il faisait l'éducation de sa pensée en même temps que celle de son œil, et, peignant tout le jour, lisait presque toute la nuit. Un de ses camarades d'atelier lui apporta un soir un livre paru depuis peu d'années et constamment réédité. Cela s'appelait : « LES PEINTRES MODERNES, *par un gradué d'Oxford.* » Holman Hunt feuilleta le livre, d'abord avec curiosité, ensuite avec admiration, enfin avec enthousiasme. Ce n'était pas un de ces vagues bavardages qu'on est accoutumé de cataloguer sous le nom d'*Esthétiques*, de cette littérature d'art, due à des transfuges de la littérature qui, écrivant mal, ne dessinent pas du tout. C'était un plaidoyer rapide, nourri, éloquent, passionné en faveur du paysage naturaliste, opposé au paysage académique et composé. C'était une causerie étincelante, pleine de faits, pleine d'exemples, où l'on sentait l'expérience du praticien sous chaque théorie, une dissertation où l'on devinait que chaque coup de plume avait été précédé d'un coup de pinceau. Et c'était aussi la plus belle langue, la plus riche, la plus forte, la plus concise à la fois qu'on pût imaginer. Jamais dans aucun temps, ni dans aucun pays, on n'avait parlé de l'art d'une telle sorte, avec ce feu, avec cette conviction, avec cet enthousiasme, et jamais peut-être on n'en pourra parler ainsi une seconde fois. Penché sur ce livre où il puisait comme une seconde vie, sur ces pages d'un inconnu qui lui semblaient avoir été écrites uniquement et nominativement pour lui, tant elles exprimaient clairement ce qu'il sentait confusément en son âme, Hunt passa la nuit à lire. Quoi donc ? Ceci par exemple : « Ce doit être une règle pour tout peintre de ne jamais laisser un tableau quitter son chevalet, tant qu'il est encore susceptible de progrès, ou tant qu'on peut y mettre une pensée de plus. L'aspect général est souvent parfait et charmeur et ne peut être poussé plus loin, lorsque les détails sont encore complètement imparfaits et défectueux. Il peut être difficile, — c'est peut-être la tâche la plus difficile de l'art, — de compléter ces détails sans compromettre l'effet d'ensemble ; mais tant que l'artiste ne l'a pas fait, son art est incomplet et son tableau inachevé. Celui-ci ne sera un tableau fini que s'il a à la fois l'ensemble et l'effet de la nature et la perfection infinie du détail de la nature. Et c'est seulement en s'efforçant d'unir ces deux choses qu'un peintre se perfectionne. En cherchant seulement les détails, il devient un ouvrier, mais en cherchant seulement l'effet général, il devient un escamoteur. » Et l'auteur disait encore : « Il est évidemment impossible pour un peintre de suivre exactement en tout la nature ; il ne peut s'élever au même degré d'ordre et d'infinité, mais il peut atteindre une espèce moindre d'infinité. Il n'a pas à sa disposition pour peindre la millième partie de ce que la nature possède ; mais il peut au moins ne pas laisser un atome de cet espace vide et inoccupé. Si la nature réalise des minuties sur des kilomètres, il n'a pas d'excuse pour faire des généralisations sur quelques pouces carrés. Et pourvu qu'il nous donne tout ce qu'il peut nous donner, pourvu qu'il nous fournisse un ensemble aussi complet et aussi mystérieux que celui de la nature, nous ne le blâmerons pas que ce soit l'ensemble d'une coupe, au lieu de l'ensemble de l'Océan. Mais il est impardonnable si, sous prétexte qu'il n'a pas un kilomètre à occuper, il n'occupe pas même un pouce de toile, et si, parce qu'il a moins de facultés à sa disposition, il laisse oisive la moitié de celles qu'il possède. Encore moins l'excuserons-nous, si, renonçant à imiter la nature dans son minutieux travail, il ne la suit que dans ses heures de repos, sans observer ce qu'elle a fait pour le gagner. Après qu'elle a dépensé des siècles pour faire croître la forêt, pour tracer le cours du fleuve, pour modeler la montagne, elle triomphe sur son œuvre, en toute liberté d'esprit, en jouant avec un rayon qui brille ou un nuage qui flotte, mais le peintre doit passer par les mêmes peines s'il veut se donner la même récréation. Qu'il ciselle son rocher consciencieusement, qu'il détaille délicatement sa forêt, et ensuite nous lui permettrons ses divertissements d'ombre et de lumière, et nous l'en remercierons ; mais nous ne voulons pas qu'il nous donne le jeu avant la leçon, l'accessoire à la place de l'essentiel, l'illustration au lieu du fait. »

Et le jeune peintre poursuivant jusqu'au bout sa lecture, espérant, avant de se livrer au sommeil, y trouver le mot d'ordre si longtemps cherché contre la généralisation académique et le modèle suprême à opposer aux modèles de l'école, arrivait à cette page, la dernière du volume, la plus audacieuse que jusque-là on ait jamais écrite : « De la part des jeunes artistes, dans le paysage, rien ne doit être toléré que la pure imitation de la nature, *bona fide*. Ils n'ont pas à singer l'exécution des maîtres, à Anonner de faibles et incomplètes redites, et à mimer les gestes du prédicateur, sans comprendre sa pensée, ni prendre part à ses émotions. Nous n'avons pas besoin de leurs idées informes de la composition, de leurs conceptions incomplètes de la Beauté, de leurs essais irraisonnés de Sublime. Nous méprisons leur virtuosité, parce qu'elle est sans direction ; nous rejetons leur décision, parce qu'elle est sans fondement ; nous repoussons leur composition, parce qu'elle est sans matériaux ; nous proscrivons leur choix, parce qu'il est sans comparaison. Leur affaire n'est ni de choisir, ni de composer, ni d'imaginer, ni d'essayer, mais de suivre humblement et consciencieusement les sentiers de la nature et la trace du doigt de Dieu. Il n'est pas de pire symptôme, dans les œuvres d'un jeune artiste, que trop de virtuosité dans la touche, car c'est le signe qu'il est content de son travail et qu'il n'a pas cherché à faire mieux que ce qu'il savait déjà. L'œuvre des jeunes doit être pleine de fautes, parce que les fautes sont les signes des efforts. Ils doivent se tenir à des couleurs calmes, des gris et des bruns, et prenant les premières œuvres de Turner pour exemple, de même que ses dernières pour but, *ils doivent aller à la nature en toute simplicité du cœur et marcher avec elle, obstinés et fidèles, n'ayant qu'une idée : pénétrer sa signification et rappeler son enseignement, sans rien rejeter, sans rien mépriser, sans rien choisir* ! » Le mot d'ordre était trouvé. Hunt dormit-il cette nuit-là ? Je ne sais, mais sûrement il rêva, et il y a des rêves plus fortifiants et plus profonds que le sommeil.

Quel était donc l'écrivain qui, dans cette page datée de 1843, donnait la formule précise du Réalisme, bien avant les réalistes, à l'heure où Courbet et ses pareils, encore enfants ou à peine sortis de l'Ecole, cherchaient péniblement leur voie ? C'était presque un enfant, lui aussi. Il avait écrit cela à vingt-trois ans, dans un petit cottage de la banlieue de Londres, à Herne Hill, ramification des coteaux du Surrey. Pendant plusieurs années, voyageant avec ses parents en Italie, sur les bords du Rhin, en Suisse, on l'avait vu amasser des documents, copier des tableaux, étudier au microscope des feuilles, des fleurs, parcourir les musées et les montagnes, le crayon à la main, esquissant les moulures d'une corniche ou le grand trait d'un glacier, puis, déterminé par son admiration pour Turner à tenter une apologie de ce grand artiste, appeler à son secours toutes ces observations, tous ces exemples et crier à l'Angleterre stupéfaite que rien au monde n'était plus beau que la Nature et que l'art, et qu'un grand peuple qui s'exprimait devenait artiste quand il le voulait. De là, était sorti le premier volume de ces *Peintres modernes* ; de là, devaient sortir pendant cinquante ans ces prodigieuses évocations des monuments humains et des choses divines, de la pensée antique et de l'inspiration disparue : les *Sept flambeaux de l'architecture*, les *Pierres de Venise*, *Aratra Pentelici*, le *Val d'Arno*, *Sésame et les Lys*, la *Reine de l'Air*, le *Nid d'aigle*, *Ariadne florentina*, *les Matins à Florence*, les *Lois de Fiesole*, — où ce guide autoritaire, ce Kneipp de l'esthétique, s'engage à vous guérir du mauvais goût, mais à condition que vous lui obéissiez aveuglément, — toutes ces œuvres si pleines d'acuité analytique et de souille créateur, qu'on pourrait les appeler les *Poèmes de la critique*. Avec cette admiration pour les cieux, les nuages, les bois, les eaux, les rochers, John Ruskin devait pendant cinquante ans ravir les imaginations anglaises et les élever par degrés à cet enthousiasme dont l'esthétisme fut la ridicule, mais très sincère expression. Comprenant dès le premier jour que ses compatriotes ne le comprendraient pas s'il leur parlait simplement du Beau dans la Nature et dans l'Art, il leur parla du Vrai, du Bien, de l'Utile, de la Morale, de la pensée biblique et des curiosités de la science ; Un dans son but, il se fit infiniment multiple dans ses moyens. Tour à tour érudit, historien, anti-papiste, moraliste, économiste, poète, botaniste, géologue, il attire les Anglais les plus revêches à l'idée de Beauté, par tous les charmes de sa conversation savante, et, par toutes les courbes de sa promenade historique, il les ramène inévitablement au même point qui est l'idée de la mission sociale de l'Art et de sa suprématie sur tout le reste. C'est déjà l'homme qui protestera contre les chemins de fer parce qu'ils sont laids, qui pardonnera aux papes parce qu'ils étaient beaux, qui fondera dans les couvents des fêtes esthétiques, dans les milieux ouvriers des musées, ressuscitera les gildes et les corporations du moyen âge, parce qu'elles étaient pittoresques, installera dans le Westmoreland un ouvroir de trente femmes occupées à filer avec des rouets faits sur le modèle de celui du campanile de Giotto et à Laxey, dans l'île de Man, un atelier où l'on tisse la laine donnée par les moutons noirs de l'île, sans le secours d'aucune machine moderne parce que le travail manuel développe les muscles et rend le corps humain plus beau. — A l'heure où le jeune Hunt lisait son premier livre, John Ruskin n'était pas encore l'auteur universellement connu, reproduit à des millions d'exemplaires qu'il est aujourd'hui ; mais déjà sa parole vive et acerbe faisait autorité. Seulement cette autorité était tout honoraire : on l'écoutait, mais on ne la suivait pas. Pour faire une révolution dans la peinture, le critique le plus éloquent ne suffit pas : il faut des peintres. John Ruskin n'en avait pas autour de lui et cherchait vainement à l'horizon des trois royaumes, si quelques hommes nouveaux n'apparaîtraient pas, dont il pourrait faire ses disciples.

II

Tels étaient les choses et les êtres en Angleterre, lorsqu'un soir de l'année 1848, trois jeunes gens, un Italien d'origine et deux Anglais, camarades d'atelier, amis comme le sont les marins qui mettent à la voile en même temps et comptent qu'ils pourront s'aider les uns les autres, prenaient le thé chez le plus riche d'entre eux. Sur la table, était un recueil de gravures du Campo Santo de Pise. Ils le feuilletèrent, et comme tous trois étaient las des banalités de l'école, comme ils cherchaient depuis plusieurs années à quel maître se vouer pour échapper aux mouvements généraux, aux gestes stéréotypés, aux expressions décalquées d'après les classiques, chaque nouveau décalque affaiblissant la beauté primitive de l'original, ces fresques du Campo Santo furent pour eux une révélation. Sans doute, des milliers de touristes avaient passé devant elles et n'avaient pas pour cela créé une école. Mais ces touristes n'étaient pas tourmentés du désir de se faire une place en dehors des Leslie, des Maclise et des Mulready, de percer, coûte que coûte, une voie nouvelle ; ils n'avaient pas l'ardeur des vingt ans… On cause de cet art simple, individuel, consciencieux, sans recettes ni pratiques d'atelier, qui est l'art de Benozzo Gozzoli et d'Orcagna. Il n'y a là ni convention élégante, ni pompe décorative. Il n'y a là qu'imitation de la nature la plus scrupuleuse, la plus minutieuse possible, et l'expression naïve, serrée, de l'idée religieuse. — Voyez ce cheval comme il renifle la mort !… et cet ermite comme il prie de tout son cœur ! et quelle doit être la couleur de tout cela ! sans doute celle des Van Eyck, des Francia, fraîche, brillante !…C'est qu'elle est appliquée sans dessous… Ce qui fait la banalité de notre art, c'est qu'il n'a plus cette recherche directe de la Nature. D'ailleurs, il y a bien longtemps qu'on l'a perdue ! Rubens ne l'avait déjà plus, ni les Carrache… ni même Jules Romain, ni même Raphaël ! Il faut donc remonter au-delà de Raphaël, pour trouver des maîtres qu'on puisse suivre sans crainte. Il faut faire de l'art d'avant Raphaël, de l'art *pré-raphaélite*. — La nuit se passe, les tasses de thé se vident ; quand on eut vu le fond de la dernière, le pré-raphaélisme était né.

Ces trois camarades étaient Dante Gabriel Rossetti, William Holman Hunt, et John Everett Millais. Ils avaient tous trois de grandes dispositions naturelles et une furieuse envie de réussir. CP trio faisait un tout parfait. Hunt avait la foi, Rossetti l'éloquence et Millais le talent. L'Italien était plus poète, Millais était plus peintre et Hunt plus chrétien. Rossetti, inquiet, agité, avait besoin de prophétiser quelque chose, n'importe quoi, à tout venant. L'excellent et consciencieux Hunt avait besoin de croire et de se dévouer à une grande œuvre. Le pratique et ambitieux Millais avait besoin d'une théorie qui le tirât de la foule des habiles et ne songeait ni à croire, ni à prophétiser. On se mit à l'œuvre. Rossetti recrutait des adeptes un peu au hasard, comme le buisson, dans une fable de La Fontaine, arrête les passants ; Hunt se donnait des peines infinies pour se conformer aux préceptes de la secte ; et Millais recueillait les applaudissements. En voyant le chef, on disait : Comme il parle bien ! En voyant le disciple, on disait : Comme il se donne de la peine ! Et en voyant l'ami : Comme il fait de jolies choses ! Mais il fallut de longues années pour qu'on s'aperçût que le second ne faisait pas ce que disait le premier, et que le troisième n'avait du succès que parce qu'il n'écoutait pas l'un et n'imitait pas l'autre.

En France, ces révolutionnaires se fussent contentés, pour tout ralliement, de soutenir le même idéal et d'aller au même café. En Angleterre, où trois admirateurs de Shakespeare ou de Browning ne peuvent se rencontrer sans former une société de lecture de Shakespeare ou d'éclaircissement de Browning, les pré-raphaélites s'érigèrent en confrérie, *Brotherhood*. Et comme tout Anglais a un goût prononcé pour faire suivre son nom de quelques lettres séparées, de trois ou quatre spécimens de l'alphabet, ils décidèrent que chaque frère pré-raphaélite, *Pre-Raphaelite Brother*, ajouterait à sa signature les initiales de son nouveau titre, c'est-à-dire : P. R. B. Ils les mettaient même sur leurs adresses de lettres en s'écrivant entre eux, mais là où ce signe de ralliement importait le plus, c'était sur leurs œuvres. Sept, parmi les jeunes peintres d'alors, avaient le droit de se dire P. R. B., car comme trois hommes de talent, fussent-ils aussi bien doués que Hunt, Millais et Rossetti, ne peuvent faire autant de bruit que cent médiocres, ils s'adjoignirent quatre autres frères pré-raphaélites : Michael William Rossetti, qui ne peignait pas ; Woolner qui ne peignait pas davantage, mais qui sculptait quelquefois, quand il n'était pas en Australie à chercher de l'or, les pieds dans l'eau glacée, la tête au soleil ; Stephens, qui finit par se confiner entièrement dans la littérature ; et Collinson, qui, après avoir vainement tenté de peindre une Elisabeth de Hongrie, se convertit au catholicisme et entra dans un séminaire où on le mit à cirer des bottes pour lui apprendre l'humilité. Plus tard, on remplaça les absents ou les désespérés par trois nouveaux venus : Deverell, Hughes et Collins. Mais ce n'étaient là que des comparses. Ils escortaient le trio des fondateurs, en ameutant la foule autour d'eux, en agitant des articles de journaux, en procurant la gloire du bruit à ceux que devait accueillir plus tard le bruit de la gloire. C'est Rossetti, Hunt et Millais qui avaient lancé le défi à l'art officiel ; c'est eux qui devaient livrer bataille et, étant donné leurs faibles ressources, vaincre ou disparaître.

Le champ de bataille choisi par eux était l'illustration du fameux poème de Keats : *Isabelle ou le pot de basilic*. On connaît cette plaintive histoire tirée de Boccace : « La belle Isabelle, la bonne et naïve Isabelle » était la sœur de deux riches marchands florentins. Dans leur maison, sous leurs ordres, se trouvait un jeune Lorenzo, beau comme tous les héros de roman. Le jeune homme et la jeune fille « ne pouvaient habiter dans la même demeure sans que leur cœur battît, sans qu'il ressentît quelque mal. Ils ne pouvaient s'asseoir à la même table sans éprouver combien il était doux d'être l'un à côté de l'autre. Ils ne pouvaient dormir sous le même toit sans rêver l'un de l'autre et sans pleurer la nuit. » Les frères d'Isabelle s'aperçurent bien vite de ce roman qui se déroulait sous leurs yeux et, comme ils voulaient marier leur sœur à quelque grand seigneur, et qu'ils vivaient à ces temps heureux pour les poètes où l'on ne recule pas devant les pires aventures, ils résolurent d'assassiner Lorenzo. Un beau matin, ils lui offrent d'aller chasser à courre du côté des Apennins « avant que le chaud soleil n'égrène sur l'églantine son chapelet de rosée. » Ils partent au galop, passent l'Arno, et là, dans une forêt a voisinant le fleuve, tuent Lorenzo et l'enterrent profondément. A leur retour, ils disent que le jeune homme a dû faire voile vers les régions lointaines. En vain, Isabelle leur demande s'il ne reviendra pas bientôt ; chaque jour, ils l'abusent avec de nouveaux contes. Enfin elle a un songe qui lui révèle la vérité. Elle voit apparaître Lorenzo qui lui dit : « Isabelle, ma douce amie, des airelles croissent sur ma tête et une large pierre pèse sur mes pieds : autour de moi des hêtres et des châtaigniers répandent leurs feuilles. » Le matin venu, elle court à la forêt avec sa vieille nourrice. Ses yeux tombent sur le couteau qui a servi au meurtre. Les deux femmes creusent, creusent encore, et trouvent le cadavre. Alors l'amante affolée, voulant à tout prix garder quelque chose du mort, tranche sa tête et l'emporte chez elle ; là, elle l'embaume et la cache dans un pot de fleurs, sous un plant de basilic que ses larmes gardent toujours vert. Dès lors, elle oublie tout pour ce basilic bien-aimé. Nuit et jour, elle pleure sur la plante qui grandit et fleurit merveilleusement. Ses frères s'en étonnent, ils cherchent ce qu'il y a sous le basilic, et « bien que la chose fût abjecte, avec une tache verte et livide, » ils reconnaissent la tête de Lorenzo… Atterrés ils fuient, ils abandonnent leur patrie en emportant ce qui reste de la victime. — Mais Isabelle dépérit du jour où elle n'a plus avec elle la plante adorée. Et elle meurt demandant plaintivement à tous ceux qui l'approchent, aux pèlerins qui reviennent des terres lointaines, ce qu'on a fait de son basilic…

Tel était le drame dont chacun des pré-raphaélites devait reproduire une scène, en appliquant rigoureusement les théories de la nouvelle École : pas d'imitation des maîtres, aucune généralisation, chaque figure reproduite d'après un modèle et d'après un seul modèle, dessin aussi original, aussi individuel que possible, peinture sur toile blanche sans préparation, vérité poussée jusqu'à la minutie ; en un mot franchise et application : *earnestness*. Mais tandis que Rossetti discourait encore et que Hunt se disposait à étudier scrupuleusement chaque détail de son sujet, Mil lais avait bâti, esquissé et terminé son tableau. Aux expositions de 1849 qu'ils abordaient tous trois de front, seul Millais produisait une œuvre inspirée de Keats.

Cette œuvre, qu'on a revue, le printemps dernier, à l'exposition rétrospective du *Gttildhall*, à Londres, représente Isabelle et Lorenzo assis à la même table, celui-ci offrant à celle-là une moitié d'orange sur une assiette, tandis qu'en face, de l'autre côté, les deux frères, l'un on cassant une noix, l'autre en portant son verre à ses lèvres, jettent sur le couple des regards soupçonneux. Celui qui est le plus près de nous allonge au lévrier d'Isabelle un coup de pied qui oblige la pauvre bête à se coller contre les genoux de sa maîtresse. Le reste des invités du *Festin d'Isabelle* mangent ou boivent, sans s'occuper les uns des autres. On dirait une table d'hôte. Si des amoureux pouvaient s'apercevoir de quelque chose, Isabelle et Lorenzo remarqueraient la salière renversée sur la table, funeste présage ! derrière eux un serviteur attentif, serviette sous le bras, se tient debout, veillant au festin. Les costumes sont ceux de Florence aux alentours du XIVe siècle. Telle est cette toile que Hunt a appelée, avec quelque apparence de raison, la plus étonnante peinture qui ait jamais été faite au monde par un jeune homme de vingt ans. Les théories de l'école y avaient été consciencieusement suivies. Chaque figure était peinte d'après un modèle et d'après un seul modèle, chaque pli, chaque cassure d'étoffe avait été copié d'après la nature, chaque veine des doigts, chaque reflet de l'ongle, chaque coup de lumière, avait été tiré de la réalité, « sans rien négliger, sans rien choisir. » Ainsi chaque personnage était un portrait : Isabelle, celui de Mme Hodgkinson, la femme du demi-frère de Millais ; Lorenzo, celui de William Rossetti, d'un caractère bien italien. Le frère qui va boire est le portrait de Dante Rossetti et le vieux convive qui s'essuie les lèvres avec sa serviette, celui de William Bell Scott, grand ami des pré-raphaélites, médiocre poète et peintre détestable, qui a laissé une toile : *la Veille du Déluge*, à la Galerie nationale, des eaux-fortes, et deux volumes de mémoires, caractère éclectique, amusant surtout pour son obstination à vouloir amener au matérialisme des esprits aussi réfractaires que Hunt et Rossetti. — En même temps Hunt exposait *Rienzi* jurant de tirer vengeance du meurtre de son frère. Une escarmouche vient d'avoir lieu entre plusieurs des partis nobles qui se divisent Rome. Nous voyons le jeune Rienzi, mort, étendu sur un bouclier, et son frère aîné tendant le poing vers le ciel. C'est encore Dante Rossetti qui a posé pour cette figure. Quant au paysage, il a été peint d'après nature, ce qui n'arrivait presque jamais alors et ce qui arrive rarement encore aujourd'hui pour les fonds de tableaux historiques. — Le troisième P. R. B., Rossetti, exposait une toile représentant l'*Enfance de la Vierge*, non à l'Académie mais à la galerie chinoise, où son maître Madox Brown avait envoyé aussi son fameux tableau *la Portion de Cordélia*, scène tirée du *Roi Lear*. Ainsi les trois P. R. B. et leur inspirateur commun tentaient, au printemps de 1849, le premier effort d'ensemble pour un art nouveau.

Au début, tout se passa fort bien. Les tableaux d'Hunt et de Millais furent accrochés en bonne place, et lorsque les jeunes gens arrivèrent au Salon le matin de la *private view*, c'est-à-dire du vernissage, ils reçurent de nombreuses félicitations. Leur réalisme ne choquait nullement le public, le *Times* était bienveillant, les professeurs de la Royal Academy modérés dans leurs critiques. Personne n'avait remarqué sur le barreau de la chaise d'Isabelle les mystérieuses lettres P. R. B., signe visible de la conspiration. Les pré-raphaélites trouvaient même déjà des acheteurs, ce qui en Angleterre comme ailleurs, mais plus peut-être qu'ailleurs, est le signe de la prédestination. Ils préparaient leur exposition de 1850 et, après un court voyage en France, enhardis par leur premier succès, fondaient une petite revue, *le Germe*, pour y développer et y affirmer la thèse pré-raphaélite, lorsque quelqu'un s'avisa de découvrir les lettres P. R. B., et d'en révéler le sens. C'était d'autant plus facile que les amis des novateurs donnaient dans chaque numéro du *Germe*, publié depuis janvier jusqu'à avril 1850, le secret de leurs préférences, de leurs antipathies et de leurs ambitions. Cette révélation fut un coup de théâtre. L'idée que les pré-raphaélites voulaient modifier quelque chose à la constitution esthétique du pays bouleversa ces mêmes gens que leurs œuvres n'avaient nullement choqués. Le conservatisme anglais poussa un cri de terreur. Il sembla que Raphaël fût devenu Nelson ou Wellington, quelque chose d'intangible, et que se déclarer pré-raphaélite fût une menace pour la sécurité des côtes britanniques. Cela coïncidait avec les salons de 1850 où Millais exposait le *Christ chez ses parents*, Hunt les *Missionnaires chrétiens* et Rossetti l'*Annonciation*, aujourd'hui à la National Gallery. Toute la presse donna. Le grand Dickens lui-même descendit dans l'arène et écrivit contre Millais une vigoureuse diatribe. Le tableau de Millais représentait l'enfant Jésus dans l'atelier de son père. Il vient de se blesser la main avec des tenailles. La Vierge, à genoux, l'embrasse pour le consoler. Saint Joseph lui tient la main. Le petit saint Jean-Baptiste apporte de l'eau pour panser la blessure. Sainte Anne retire les tenailles restées sur la table. Un apprenti ajuste une planche, continuant le travail interrompu. C'était là une expression neuve et curieusement réaliste de la terrible prophétie : « Et on lui dira : Quelles sont ces blessures que vous avez aux mains ? Et il répondra : Ce sont les blessures qui m'ont été faites dans la maison de mes amis. » Dickens écrivit : « En vous approchant de cette Sainte Famille, vous devez chasser de votre esprit toute aspiration religieuse, toute pensée élevée, toute association d'idées tendres, dramatiques, tristes, nobles, sacrées, charmantes ou belles, et vous préparer à aller jusqu'au fond de ce qui est misérable, odieux, repoussant et révoltant. » A ce terrible verdict, les P. R. B. ne pouvaient même plus opposer les plaidoyers du *Germe*, mort d'inanition dès le mois d'avril. William Rossetti protestait dans le Spectator, mais qu'était-ce que cette seule voix dans la tempête ! Les achats s'arrêtèrent ; les bourses des amateurs se fermèrent avec indignation. Pendant toute une année, la lutte continua. Les P. R. B., persévérant et abordant l'exposition de 1851, le déchaînement ne connut plus de bornes. La *Mariana* de Millais et surtout le *Valentin et Sylvie* de Holman Hunt furent couverts d'opprobres. On alla jusqu'à demander que les toiles pré-raphaélites, maintenant qu'il était bien prouvé qu'elles constituaient une insulte au goût public, fussent arrachées des murs de l'Académie avant la fin de l'exposition. Dans les écoles, on les signalait à la réprobation des élèves, et ceux-ci accueillaient les noms des P. R. B. avec des sifflets. Les familles des jeunes peintres rougissaient de honte. A chaque instant le vieil Hunt, vaquant à son commerce dans la Cité, rencontrait des amis qui lui pariaient dix livres que dans quinze jours le tableau de son fils serait jeté hors du salon. Plus d'un se demandait s'il n'allait pas céder devant l'indignation publique et partir pour l'Australie. Madox Brown qui n'avait pas voulu faire partie intégrante de la confrérie, mais qui s'y intéressait comme à sa fille, voyait avec désespoir toutes ses espérances ruinées et ses disciples aussi. Le pré-raphaélisme semblait perdu.

C'est alors que le jeune homme qui travaillait et veillait à Penmark Hill accourut à sa défense. Cœur chaud, esprit combatif, intelligence multiple et brillante, John Ruskin ne pouvait voir sans indignation une lutte aussi inégale, ni sans envie une occasion de livrer une étincelante bataille, seul contre tous, avec les armes merveilleuses que la nature et l'étude lui avaient mises entre les mains. Il ne connaissait pas les P. R. B., mais il n'avait pas été long à démêler dans leurs cris confus ce qui ressemblait à ses propres paroles, et, dans leurs essais défectueux, ce qu'ils promettaient de talent pour l'avenir. Les disciples rêvés étaient peut-être là. Il dit : « Que deux jeunes gens, âgés l'un de dix-huit ans et l'autre de vingt, aient conçu par eux-mêmes une méthode de travail entièrement indépendante et sincère et qu'ils y aient persévéré avec enthousiasme, quoi qu'on ait fait pour les en dissuader ou les empêcher, voilà qui est assez extraordinaire. Qu'après trois ou quatre années d'efforts, ils aient produit des œuvres sur bien des points égales aux meilleures d'Albert Dürer, voilà qui n'est peut-être pas moins étonnant. Mais la fureur et l'unanimité des huées avec lesquelles les critiques habituels de la presse les ont accueillies, la risée profonde, cruelle, stupide de ceux qui n'eussent pu faire ni l'une ni l'autre de ces choses étranges, voilà qui passe en étrangeté tout le reste. » Alors, dans deux lettres fameuses adressées au *Times*, John Ruskin saisit la critique officielle et la secoua rudement. On avait reproché aux

P. R. B. leur perspective. C'est là une des très rares questions d'art susceptibles de démonstration. Ruskin déclara qu'il trouverait des fautes pires de perspective dans n'importe quels tableaux d'architecture des peintres à la mode qu'on voudrait lui citer. On avait incriminé leur minutie ; Ruskin leur en fit un honneur, établissant qu'au seul point de vue botanique le nénuphar et l'*alisma plantago* peints dans un de leurs tableaux avaient une valeur inappréciable, et qu'on chercherait vainement parmi les toiles des académiciens quelque chose qui valût comme vérité, vigueur et fini tel morceau de l'œuvre de Hunt. On avait proclamé que l'œuvre des P. R. B. manquait d'effets, c'est-à-dire qu'il n'y avait pas de grands partis pris d'ombres faisant valoir les lumières. Là était, pour tout artiste, le point important du débat. Ruskin, avec cette sûreté de coup d'œil qu'il avait puisée dans l'étude directe de la nature, vit tout ce qu'il y avait de fécond dans la tentative pré-raphaélite, et l'adopta sur-le-champ. De même qu'en 1843 l'apologie de Turner l'avait conduit à donner la formule précise du réalisme de même la nécessité de défendre les P. R. B. l'amena, ce jour-là, le 26 mai 1851, trente ans avant les impressionnistes, à donner la formule exacte du plein air : « Le manque apparent des ombres, dit-il, est peut-être la faute qui choque le plus généralement les yeux. Le fait est pourtant que, si faute il y a, c'est bien moins dans les tableaux pré-raphaélites que dans les autres. Ce sont ceux-ci qui sont faux, non ceux-là, abstraction faite de cette vérité que toute peinture est fausse qui veut représenter un vivant rayon de soleil avec des couleurs inertes. Je pense que M. Hunt a une légère tendance à exagérer les lumières reflétées, et si M. Millais s'est jamais approché d'un bon vitrail, il a dû s'apercevoir que le ton de ce vitrail est plus terne et plus sobre que celui de la fenêtre de sa *Mariana*. Mais en somme, c'est à tort qu'on condamne ces peintures, attendu que la seule lumière que nous soyons accoutumés à voir représentée est le jour douteux qui tombe sur le modèle de l'artiste dans son atelier et non le rayonnement du soleil dans les champs. » Enfin, après avoir lavé les P. R. B. du reproche de romanisme, — terrible qualification il y a cinquante ans, au-delà de la Manche, — Ruskin déclarait avec cette impérative assurance qui ne l'a jamais quitté, que les pré-raphaélites « jetteraient en Angleterre les fondations de l'école d'art la plus noble qu'on ait vue depuis trois cents ans. » — Cette charge furieuse contre l'Académie déconcerta l'opinion. Les lignes de l'ennemi flottèrent incertaines. On craignit de s'être trompé. Les coups se ralentirent. L'Académie de Liverpool osa marcher de l'avant. Elle couronna le *Valentin et Sylvie* de Hunt, et le bruit qui se fit autour de l'événement décida un amateur de Belfast à l'acheter sans même l'avoir vu. Ce fait était un symptôme. La lettre qui l'annonçait, comme la colombe qui revenait vers l'arche dans le tableau de Millais, indiquait qu'une grande crise était passée, et que sur le monde artistique calmé de nouveaux jours allaient luire… Le pré-raphaélisme était sauvé.

Alors commença une période qui, n'étant pas encore celle du triomphe, n'était déjà plus celle de la persécution. L'Académie de Liverpool décernait chaque année son prix à l'un des P. R. B. Ruskin achetait des aquarelles à Rossetti avec une générosité qui faisait un peu trop oublier au peintre la haute inspiration du critique pour n'apprécier que la fortune de l'amateur. Les marchands de tableaux ou les riches dilettantes fournissaient quelques subsides. Les pré-raphaélites redoublèrent d'efforts. Millais, Hunt et Collins, le frère de Wilkie Collins, passèrent un été dans le Surrey pour étudier d'après nature les fonds de leurs prochains tableaux. Là, dans le silence et le calme de la campagne, ils préparèrent des œuvres à jamais célèbres. C'étaient : pour Millais, *Ophélie* et le *Huguenot*, pour Hunt le *Berger mercenaire* et la *Lumière du monde*. Jamais peut-être on n'a dépensé aux accessoires d'un arrière-plan une telle somme d'observation et de ténacité. Millais voulait peindre son Ophélie flottant dans la rivière, le visage tourné vers le ciel, les mains à demi étendues à fleur d'eau, ouvertes comme pour une action de grâces, le corps à demi enlizé dans les herbes, les feuilles mortes des saules, les orties, les pâquerettes, les renoncules, la robe et les draperies ballonnées, perdant peu à peu la légèreté qui les suspendait encore à la surface, tout ce qui a été la jeune fille s'en allant sous les feuillages bas et les roseaux droits, doucement, au fil de l'eau, vers quelque grand fleuve et vers la mort. Chaque feuille de l'arbre qu'il copiait, chaque vers du poète dont il suivait le dire, fut pour Millais la cause de peines infinies, car il voulait rester fidèle à la fois à la nature et à Shakespeare. A ses côtés, Hunt achevait l'arrière-plan de son *Berger mercenaire* et commençait celui de sa *Lumière du monde*. La Lumière du monde est un Christ couronné d'or et d'épines, revêtu d'une longue tunique et de la chape qu'ont les prêtres chantant vêpres. Il s'avance, la nuit, dans la campagne plantée d'arbres, en portant une lanterne. Il s'arrête devant une pauvre porte à demi cachée par les mauvaises herbes ou les plantes parasites, et il frappe. C'est le commentaire de ce mot des Ecritures : « Ecoutez ! voici que je me tiens à la porte et que je frappe. Si quelque homme entend ma voix et m'ouvre la porte, j'entrerai chez lui et je mangerai avec lui et lui avec moi. » Pour reproduire exactement les arbres de l'arrière-plan et les lierres du premier, d'après nature, sans rien inventer ni généraliser, en toute vérité et en toute conscience, dans la lumière voulue par le sujet, Hunt s'astreignit pendant trois mois à travailler la nuit, en plein air, dans un verger, de neuf heures du soir à cinq heures du matin, à toutes les époques de pleine lune.

Lorsque les deux amis revinrent à Londres, ils trouvèrent les visages bienveillants, souriants, les mains tendues. L'heure du succès approchait. C'est Millais qui remporta le premier au Salon de 1852. Son *Ophélie* et surtout son *Huguenot*, bien qu'encore attaqués par quelques critiques, gagnèrent son procès aux yeux de la foule. Des reproductions s'en répandirent dans toute l'Angleterre. Un an plus tard, il était nommé associé de la Royal Academy et changeait les préfixes P. R. B. pour ceux de A. R. A. Puis c'est Holman Hunt qui triomphait à son tour avec la *Lumière du monde*. Les plus élégantes visiteuses venaient dans son atelier admirer le tableau encore sur le chevalet. Plus tard, en 1855, leur maître ou conseiller Madox Brown atteignait l'âme de la foule avec sa *Fin de l'Angleterre*, inspirée par le départ de plusieurs malheureux camarades pour l'Australie, où ils avaient été tenter fortune. Il représentait un jeune couple sur un bateau à voile, quittant le pays natal avec une profonde expression de désespoir. Quant à Rossetti, depuis 1850, il n'exposait plus, mais à la fin de 1856, sentant le succès assuré, il reparut en public et fut salué d'enthousiastes applaudissements. Ce n'était pas au Salon, mais à une exposition exclusivement pré-raphaélite qui venait de rassembler les principales œuvres de la confrérie. Ce jour-là, on vit la première aquarelle du *Rêve de Dante*, qui demeure une des œuvres les plus complètement significatives de Rossetti. Hughes venait de se révéler avec son triptyque de la *Veillée de sainte Agnès*, tiré d'un poème de Keats. Entre temps, Stephens, l'un des premiers P. R. B., était parvenu au poste décisif de critique dans le *Times*, là même où ses amis avaient rencontré le plus d'hostilité. De nombreux artistes accouraient se ranger sous le drapeau révolutionnaire : Mark Anthony, John Brett, Val Prinsep, Thomas Seddon, Watson, Lewes, Burton, Spencer Stanhope, Halliday, James Campbell, Carrick, Morten, Lear, Davis, Boyce, Inchbold, John Hancock, Windus. Des philosophes et des poètes, Carlyle et Tennyson, Coventry Patmore et Dickens lui-même, l'ancien adversaire des premiers jours, escortaient les triomphateurs. Enfin trois jeunes gens, dont on ne savait guère encore ce qu'ils seraient, arrivaient d'Oxford pour demander à Rossetti la route vers l'idéal : ils s'appelaient Swinburne, William Morris et Burne Jones.

Les pré-raphaélites s'amusaient à faire les portraits les uns des autres, comme on prend le temps de s'admirer, la lutte finie, et de célébrer la victoire. C'était bien la victoire en effet. On a calculé que Millais, Hunt et Rossetti n'avaient pas gagné, à eux trois, moins de douze millions. Mais c'était aussi la fin de la confrérie pré-raphaélite. Depuis longtemps, on ne signait plus P. R. B. Plusieurs des frères avaient quitté Londres : Woolner pour aller en Australie, Hunt pour aller en Palestine, Collinson pour se réfugier dans un couvent. Deverell était mort, et à ce moment, le faisceau avait été brisé. En 1857, deux des absents étaient revenus, mais parmi ceux qui n'avaient point abandonné la patrie, l'un des plus grands s'éloignait insensiblement de l'idéal pré-raphaélite, et, aux applaudissements du monde académique, se créait une place de plus en plus prépondérante et indépendante, c'était Millais. Les autres allaient, chacun du côté où l'appelaient ses affinités mieux comprises et son talent mûrement formé. En vain Ruskin, dont l'antipathie n'était cependant pas encore aiguisée par les douloureux froissements qui suivirent, comprit la défection de Millais et poussa un cri d'alarme. Ruskin lui-même avait évolué. Cette année 1857 marque donc une date décisive dans l'histoire comme l'année 1846. En 1846, Haydon, le chef de l'école académique, se suicide, et Madox Brown a déjà exposé son *Guillaume le Conquérant*. En 1857, l'école de Madox Brown triomphe, et Millais, le chef de cette école, se suicide moralement. Tout le mouvement de 1850 tient entre ces deux faits. En 1846, un homme cherche à créer un art nouveau et il n'a encore pu réunir une armée. En 1857, chacun rentre dans sa spécialité comme un soldat dans ses foyers. On licencie les troupes, car elles n'ont plus que faire : le pré-raphaélisme est vainqueur.

III

Mais qu'est-ce au juste que ce vainqueur ? Il est temps, puisque le tournoi est fini, qu'il lève la visière baissée sous laquelle il a combattu. Car pré-raphaélisme est un terme plutôt mystérieux qu'explicatif, et il devait y avoir plus de disputes, une fois la cause gagnée, pour savoir ce qu'il voulait dire, qu'il n'y en avait eu, pendant la lutte, pour le faire accepter. On y a vu les choses les plus diverses et les plus contradictoires. On y a vu le mépris de Raphaël, alors que Hunt, qui est non seulement un des pré-raphaélites, mais bien le pré-raphaélite par excellence, nous avertit dans ses Mémoires que les grandes admirations de sa jeunesse furent les Raphaël de la National Gallery. On y a vu le parti pris d'imiter le style maigre et dur des primitifs, quand un seul coup d'œil jeté sur les amples poitrines, les rondes épaules et les bouches sensuelles des femmes de Rossetti évêque toutes les opulences et toutes les splendeurs des renaissans. On y a vu un réalisme intransigeant, *uncompromising truth*, sans le mélange d'aucun élément imaginatif, mais c'est justement l'élément imaginatif qui frappe dès qu'on regarde une des grandes œuvres de l'école : la *Lumière du monde* de Hunt, le *Rêve de Dante* de Rossetti. On y a vu alors un idéalisme transcendant, une branche de la grande renaissance gothique et religieuse, qu'on a nommé le mouvement d'Oxford, et l'on a fait des rossettistes les collaborateurs inconscients sans doute, mais zélés et fidèles de Kemble, de Newman et de Pusey. Cela peut être, mais la définition du pré-raphaélisme n'en est guère plus avancée, car vouloir caractériser un tableau pré-raphaélite en vous disant qu'il s'inspire du mouvement d'Oxford, c'est proprement tenter d'expliquer le système d'une serrure en vous décrivant les opinions politiques du serrurier. Les affinités qui rattachaient les rossettistes au puseisme eussent pu être beaucoup plus fortes et cent fois plus évidentes sans pour cela conduire Hunt à peindre sur toile blanche ou Millais à proscrire le bitume de ses préparations. Il fallait quelque chose de plus précis et de plus adéquat à la matière. Alors on réduit le pré-raphaélisme à un ou deux procédés d'étude, tels que la recherche minutieuse du détail infinitésimal et la substitution du modèle vivant au mannequin, avec cette liberté de choisir pour une vierge, un Jésus, un héros, le modèle que l'on trouvait le plus propre à en donner l'idée, mais avec cette obligation, une fois le modèle choisi, de s'y tenir expressément et de le copier scrupuleusement, sans y mêler les traits de quelque autre figure, ni l'idéaliser de quelque souvenir. Mais cette définition manque totalement de comprendre Madox Brovvn et Rossetti parmi les pré-raphaélites. Car Madox Brown n'a jamais admis que l'artiste s'interdît la fusion de plusieurs modèles, et Rossetti, sauf dans deux ou trois occasions, a passé sa vie à peindre ses figures d'après un mannequin ou même d'après rien du tout, *out of his own consciousness*. Quant à faire des pré-raphaélites des Meissoniers d'outre-Manche, des entomologistes de la peinture, c'est assez bien caractériser les premières œuvres de Millais et de Hunt, mais c'est complètement oublier celles de Rossetti. Lorsqu'on est à la National Gallery et qu'on voit la *Beata Beatrix* au milieu des tableaux des académiciens de 1850, des adversaires du pré-raphaélisme, ce qui frappe c'est précisément l'absence de détails dans l'œuvre du pré-raphaélite et leur abondance dans celles des académiciens. Enfin, las d'imaginer des définitions qui manquent chaque fois quelqu'un des objets à définir, certains critiques se sont élevés à des considérations générales, faisant comme ces prédicateurs de village qui, lorsqu'ils s'embrouillent dans leurs explications, s'avisent de parler latin : « Oui, s'écrie l'un d'eux, le mouvement pré-raphaélite fut quelque chose d'autrement considérable qu'une simple révolution dans l'idéal ou dans les méthodes de la peinture. Ce fut une des vagues de ce grand courant de réaction, de protestation et de rébellion qu'a toujours élevées notre siècle contre toute autorité artificielle, contre toutes les traditions et toutes les conventions dans n'importe quelle branche de la vie. Au point de vue social, il a éclaté avec la Révolution française, il a trouvé son expression dans le mouvement poétique, qui l'a suivie dans Coleridge, Shelley et Keats. Il a passé de l'éthique à la politique, il a touché tout ce qui est la morale et tout ce qui est la science, il a réagi sur la littérature entière de l'Europe, depuis la psychologie jusqu'à la fiction, du drame jusqu'au poème lyrique. Schumann et Chopin l'ont insufflé dans la musique. Darwin, en réformant le monde de la science, a jeté dans la doctrine de l'évolution les bases de la nouvelle cosmogonie... » Arrivé là, on perd pied tout à fait et l'on sent qu'une école d'art qui ressemble à tant de choses étrangères à l'art ne se différencie pas assez nettement de ses rivales pour qu'on puisse, à son signalement, reconnaître un tableau qui lui appartienne. Trop étroite si on la restreint à la recherche du détail, la définition du pré-raphaélisme devient trop large si on l'étend à la conquête d'une philosophie nouvelle. Dans un cas, le pré-raphaélisme n'est pas contenu ; dans l'autre, il est contenu avec trop de choses différentes. Si l'on se tient à la première, il faut avouer que les pré-raphaélites ont tous plus ou moins renié leurs convictions esthétiques, et si l'on se tient à la seconde, qu'ils n'en avaient pas de très spéciales ni de très marquées.

Ils en avaient cependant ; mais pour les comprendre, il faut écarter tout d'abord la théorie pré-raphaélite telle qu'elle a été écrite, imprimée partout, et où l'on a cru très à tort trouver le fond et le but du pré-raphaélisme. Il faut se rappeler, tout au moins, que cette théorie, étroite et réaliste, n'a jamais été qu'une méthode de formation à l'usage de jeunes peintres de vingt ans, imaginée par eux pour se mettre entre les mains l'outil nécessaire, quitte plus tard à être abandonnée, une période d'études, non un plan de réalisation, un manuel d'apprentissage, non une bible d'idéal, un chemin, non un but. Si dans les moments d'exagération naturels à la jeunesse, quelqu'un des écrivains du *Germe* l'a compris autrement, il l'a mal compris. Mais c'est une grande erreur que d'aller chercher dans la collection du *Germe*, où ni Millais, ni Hunt, ni Rossetti n'ont exposé leurs idées, le secret de leurs espérances pour l'art. Regardons plutôt leurs œuvres. Rossetti, en ne s'astreignant que rarement aux règles qu'il avait lui-même posées, a prouvé que le réalisme minutieux n'était pas à ses yeux la fin de l'art. Millais, en abandonnant les théories pré-raphaélites dès l'âge de vingt-huit ans, a montré plus clairement encore qu'il les considérait comme des lisières dont il croyait pouvoir un jour se débarrasser. Mats Hunt ? dira-t-on. Hunt pense exactement de même : « En convenant qu'il fallait élaborer le plus minutieusement possible nos premières œuvres, dit-il, nous n'avons jamais entendu dire plus que ceci : que cette pratique était essentielle pour exercer l'œil et la main du jeune artiste. Nous n'aurions jamais admis qu'abandonner cette méthode de travail, une fois qu'on est parvenu à l'âge mûr, ce fût être moins pré-raphaélite. » Enfin même Ruskin, qu'on a souvent taxé d'exagération, indiquait dès 1843, dans ce livre que Hunt lisait la nuit, dans sa jeunesse, que l'étude réaliste de la nature n'était à ses yeux qu'un moyen de formation. Immédiatement après ces mots d'ordre : « Ne rien négliger, ne rien mépriser, ne rien choisir, » qu'on cite toujours, venaient ceux-ci qu'on ne cite jamais et qui pourtant fixent seuls sa pensée : « Ensuite, lorsque la mémoire des jeunes artistes sera approvisionnée, leur imagination nourrie, et leur main affermie, alors qu'ils prennent l'écarlate et l'or, qu'ils rendent la main à leur fantaisie, et qu'ils nous montrent ce qu'ils ont dans la tête. Nous les suivrons partout où ils voudront nous conduire. Nous ne les chicanerons sur rien. Ils sont dès lors nos maîtres et dignes de l'être. Ils se sont placés au-dessus de nos critiques, et nous écouterons leurs paroles en toute foi et humilité, mais non pas tant qu'ils ne se seront pas inclinés eux-mêmes devant une autorité plus haute. » — Il n'est donc ni très choquant, ni très extraordinaire que Madox Brown, qui en savait déjà plus que ses disciples, ne se soit pas astreint à leur méthode, ou que Rossetti l'ait quittée de très bonne heure après une ou deux demi-réalisations, comme l'*Annonciation* et *Trouvé* ! et que Millais, quelques années après, ait suivi son exemple. Car il n'est pas un pré-raphaélite qui n'ait, à quelque moment, quitté la méthode réaliste. Et vouloir identifier le pré-raphaélisme à la théorie pré-raphaélite des premiers jours, c'est s'exposer à conclure qu'il a été renié par tous ses adhérents.

Il y avait donc quelque chose de plus durable que la théorie pré-raphaélite. Il y avait une idée qui a uni de plus près les novateurs et les a guidés plus longtemps. Mais pour la trouver, il faut laisser la théorie et examiner la pratique, non plus compulser les collections de journaux où les P. R. B. ont écrit, mais aller dans les musées et les galeries où ils ont peint, en un mot les juger, non plus sur leurs paroles, mais sur leurs actes, c'est-à-dire sur leurs œuvres. Alors on y voit, dans toutes, au même degré, un effort furieux, une tentative désespérée pour échapper au geste sans expression et au coloris sans vigueur des académiciens de 1850. Quelque soit l'œuvre devant laquelle on se place, quel que soit le maître qu'on choisisse, quelle que soit même l'époque où on le prenne, sauf la seconde moitié de la vie de Millais, on retrouve ces deux caractéristiques : originalité du geste, vivacité de la couleur. Les têtes se penchent peut-être trop pour la méditation ; les bras se contournent quelquefois subtilement plus qu'il n'est nécessaire pour atteindre un geste inédit, et pour exprimer quelque chose de nouveau du corps humain, comme des branches d'arbres fruitiers qu'on oblige à de certaines poses bizarres le long d'un espalier. Le désir de creuser la signification des moindres attitudes, de rajeunir les plus vulgaires jeux des muscles, va souvent jusqu'à la manie. Mais souvent au contraire, la recherche du geste original, en modifiant le faux aspect d'une pose classique, restitue simplement la vérité de la nature. D'autre part, les couleurs hurlent parfois d'être juxtaposées sans transition, d'être laissées à cru sans dissimulation, et les touches maladroitement appliquées pour parvenir à un ton difficile font peine à voir, tant le dédain de la cuisine a empêché le peintre de dissimuler ou de recouvrir son laborieux tâtonnement. Mais heureuse ou non, cette même recherche se sent partout. Qualité ou défaut, l'originalité expressive du geste, la vivacité crue de la touche, s'observent dans n'importe quelle toile pré-raphaélite, alors qu'elles manquent totalement clans celles qui les ont précédées. Ou les trouve chez Madox Brown, dans son *Christ lavant les Pieds de saint Pierre* à la National Gallery, dans cette tête de saint Pierre profondément penchée, dans ce front plissé, dans ces genoux remontés sous le menton, dans ces (mains liées autour du genou, dans tout ce jeu de la machine humaine tendue par l'expression de la réflexion pénible où s'abîme l'apôtre médiocrement intelligent. C'est la pose fortement significative qu'Holman Hunt donnera plus tard à son rabbin Johanan ben Zakkai écoutant l'enfant Jésus dans le Temple. On trouve la recherche de la couleur vive, en même temps que du geste expressif, dans la virulence des tons du bassin de cuivre et des pieds de saint Pierre, qui passent en force impressionniste les plus éclatants paradoxes de l'école norvégienne contemporaine. On les retrouve, ces caractéristiques, dans la *Beata Beatrix* de Rossetti, à quelques pas du *Saint Pierre* de Madox Brown, la tête douloureusement renversée, la gorge se développant comme un éventail, les paupières à demi baissées, la bouche à demi ouverte, les mains inertes sur les genoux dans une attitude excessive de langueur et de prostration, le tout coloré de tons verts et rouges, orangés, violets, extrêmement vifs, mais francs et solides et même clairs en regard des noirs de l'école académique. On les retrouve, ces caractéristiques, dans toutes les œuvres de Hunt, dans toutes celles de Millais jusque bien après l'époque où il est censé avoir abandonné le pré-raphaélisme. — Seulement on les retrouve obtenues par des moyens très différents. Tandis que les uns, comme Hunt et Millais au début, cherchaient à atteindre le geste original par la scrupuleuse observation de la nature, qui estime excellente école d'originalité, car elle contient des mines inépuisables de nouveaux aspects, et pendant que ces peintres s'astreignaient à suivre les particularités individuelles de tel modèle, Rossetti, lui, l'obtenait en se creusant la tête, en forçant son imagination, en ne laissant parler son rêve que lorsqu'il avait complètement dépouillé toutes les formes acquises, tous les duplicata des tableaux de maîtres. Il dessinait ainsi ses figures fort peu d'après nature, et beaucoup d'imagination. Les tonalités fortes, sans être noires, variées, nouvelles, que Hunt et que Millais demandaient aux paysages du Surrey vus et copiés en plein air, Rossetti les obtenait par des essais audacieux à l'atelier, par des juxtapositions imprévues, par de continuelles recherches de palette, excursions idéales, dont souvent l'inanité le désespérait.

Ces caractéristiques, on les retrouve enfin chez un de leurs contemporains, un des triomphateurs du concours de Westminster en 185-4, qu'on ne cite jamais parmi les pré-raphaélites parce qu'en effet, il ne fit pas partie de la confrérie, ni même de ses amis immédiats, mais qui réalisa seul, en même temps et par les mêmes procédés, la même réforme que le pré-raphaélisme. Je veux parler de George Frederick Watts. De beaucoup l'aîné des P. R. B., il déplorait comme eux, et depuis plus longtemps qu'eux, les pratiques coloristes de l'Académie. On sait quelles étaient ces pratiques, d'ailleurs semblables en France et en Angleterre, vers 1850. On commençait par frotter la toile de bitume et de tons chauds, du brun rouge par exemple, puis sur ce fond qui, étant bituminé, ne séchait jamais, on piquait des touches de tons frais et l'on obtenait ainsi du premier coup une transparence facile, des fondus enchanteurs qui ravissaient d'aise les commençants et même les habiles. Plus tard, cette beauté du diable passait ; les tons obtenus par des mélanges fortement délayés s'affadissaient dans un brillant de confiserie ; les modelés n'étant pas soutenus par des épaisseurs de couleurs suffisantes s'aplatissaient, rentraient sous la toile, et pour comble de malheur, le bitume qui ne durcit point, enfermé sous la couleur sèche comme de l'eau sous la glace, subissait les variations de température, cherchait une issue et faisait craqueler le chef-d'œuvre. — Pendant que Hunt et Millais cherchaient de leur côté et adoptaient la peinture sans dessous, sur toile blanche, Watts cherchait du sien et osait prendre le contre-pied des errements académiques. Se résignant à ne pas obtenir les transparences faciles de la première heure, il décidait de n'employer que des couleurs très solides. De plus, au lieu de peindre sur des dessous vigoureux, il peignait sur des fonds très clairs, en attendant qu'ils eussent complètement séché et qu'ils se conduisissent, par conséquent, comme de la toile ou du bois. Il pensait que, si ses fonds ressortaient avec le temps, ils éclairciraient sa peinture au lieu de l'assombrir, ce qui n'a pas manqué d'arriver. Tout ceci n'est un secret pour personne aujourd'hui, mais à l'époque où débutaient Watts, Hunt, Millais, il fallait une rare perspicacité pour le comprendre et une grande énergie pour l'exécuter. — Enfin, préoccupé de ne pas mélanger des couleurs à bases différentes dont la fusion produit des combinaisons chimiques désastreuses, Watts imaginait de les poser le plus possible les unes à côté des autres et non les unes sur les autres, c'est à dire qu'ayant à exprimer un ton jaune rougeâtre, au lieu de mêler du jaune et du rouge, il pose une touche de jaune, puis une touche de rouge, remplaçant le mélange par la juxtaposition qui, à l'œil, dès une certaine distance, produit à peu près le même effet. Et ces procédés, que nos pointillistes d'aujourd'hui célèbrent comme une découverte, relient Watts à la grande école des pré-raphaélites. Originalité du geste, franchise de la couleur, il a voulu les mêmes choses qu'eux, en même temps qu'eux, et, s'il n'a pas fait partie du corps de la petite église, l'âme de l'église n'a pas cessé de l'inspirer. — Ainsi, vu dans son ensemble, de Madox Brown à Millais et de Watts à Rossetti, depuis les cartons de Westminster jusqu'à la *Fin de l'Angleterre*, et du *Festin d'Isabelle* au *Huguenot*, comme de l'*Annonciation* au *Rêve de Dante*, le mouvement de 1850 fut ceci : des hommes nouveaux voulant un art nouveau, substituant le geste curieux, inédit, individuel, au geste banal et généralisateur et la couleur franche, à sec, sans dessous, brillante par ses juxtapositions à la couleur fondue, renforcée par des superpositions, en un mot la ligne expressive au lieu de la ligne décorative et le ton vif au lieu du ton chaud. Voilà, en toute simplicité ce que fut le pré-raphaélisme. Le reste n'est que logomachie. Mais ce résidu de vérité que nous trouvons au fond des théories pré-raphaélites et pour ainsi dire ce « précipité » qui reste dans l'alambic de l'analyse, après que les concepts de la haute esthétique se sont évanouis en fumée, n'est pas à dédaigner. Chercher, fût-ce par la minutie d'un Meissonier, le mouvement précis au lieu du mouvement vague, et atteindre, fût-ce par l'extravagante imagination d'un Gustave Doré, la forme expressive au lieu de la forme purement décorative, c'est un grand pas, et c'est justement le pas qu'il fallait faire en 1850. Lorsque la généralisation rogne en maîtresse dans une académie, dans une école, cette école est perdue : il faut, par un procédé quelconque, délier le faisceau des règles, briser les stéréotypes, jeter les moules, chasser les modèles qui prennent d'eux-mêmes la pose des Jupiters tonnants ou des Vénus sortant de l'onde et brouiller toutes les lignes pompeuses qui n'expriment aucune attitude définie, mais un état de corps et d'esprit appliqué à tout un ensemble d'idées et de sentiments, parce qu'en ce cas on enseigne l'habileté au lieu d'enseigner l'étude et l'on conduit l'élève au résultat sans qu'il ait vu par quels moyens. Il faut qu'au moment où l'on va profiler de mémoire le bras de Tatius lançant son javelot, on s'arrête et on se demande si c'est là le geste le plus personnel qu'on lui puisse donner et si vraiment l'on sait, comme David le savait, ce que signifie cette périphrase pour oser l'employer. Non que l'art généralisateur soit à proscrire, — toutes les fois que l'art s'élève, il généralise, — mais parce qu'il faut, pour aborder l'expression d'une idée générale, savoir quelles sont les idées particulières qui lui ont donné naissance ; pour se permettre une ligne qui résume, savoir ce qu'elle résume, et une ligne qui ennoblit, connaître ce qu'elle ennoblit ; en un mot, pour parler le langage littéraire, pouvoir parler le langage courant. Les académiciens de 1850 ne le pouvaient plus. La généralisation des formes n'était plus pour eux la haute difficulté qu'on peut aborder quand on a surmonté toutes les autres ; mais une collection de recettes héréditaires, de formules magiques qu'on se transmet sans les analyser et où l'on se tient, sans savoir ce qu'il y a dedans.

Pour la couleur, le pas n'était pas moins grand. Personne n'aura l'idée de blâmer les tons chauds chez Titien, chez Rembrandt, chez Van Dyck, ni de se scandaliser s'ils les obtenaient par des dessous plus ou moins vigoureux. Mais les recettes dans lesquelles on a tâché de codifier leurs procédés sans bien les connaître sont déplorables en ce qu'elles facilitent ce qui doit être fait difficilement, en ce qu'elles épargnent un effort nécessaire et, mettant tout de suite l'élève à même d'atteindre le passable, manquent de lui donner les moyens d'arriver au mieux. Du jour où l'école produit d'excellents copistes de tableaux anciens au lieu de produire des créateurs, elle est dans le faux. Quand elle enseigne l'escamotage des difficultés au lieu d'apprendre à leur livrer bataille, elle perd sa raison d'être. Atteindre des transparences en peignant sur du bitume, c'est plus aisé que de les réaliser par de simples appositions de couleurs solides ; demander son effet à l'opposition factice d'un premier plan noir et d'un second plan lumineux, c'est plus facile que de l'obtenir d'un juste rapport de tons, mais cet effet est d'une qualité moindre et cette transparence est un péril pour l'avenir. Le bitume dont Haydon frottait consciencieusement ses toiles avant de peindre, sans doute pour obtenir cette *subdued colour* que les Anglais prisent tant depuis Reynolds, ces larges plaques de noir que les académiciens mettaient dans leurs compositions pour repousser au bon endroit la lumière, voilà des traditions qu'il fallait rompre, coûte que coûte. Les pré-raphaélites, en adoptant pour tout dessous une toile blanche et pour tout système d'éclairage « le système du soleil », comme disait Ruskin, — c'est-à-dire le plein air sans aucun parti-pris, — ont peut-être dépassé la mesure, mais ils ont sauvé la peinture anglaise. Lorsqu'on examine les tableaux pré-raphaélites des premiers jours, le *Festin d'Isabelle* de Millais par exemple, on est stupéfait des découvertes naturalistes et même impressionnistes auxquelles ce peintre de vingt ans, grâce à la finesse de son œil, est parvenu. Il n'y a là aucune ombre diffuse sans points clairs, sans reflets des objets lumineux ambiants. Il y a d'imperceptibles lueurs jusque dans les ombres portées, ombres des narines dans la figure de Lorenzo, des bandeaux de cheveux dans la figure d'Isabelle, et cette dispersion continuelle de l'effet donne à la peinture la plus sèche le papillotement de la lumière et la mobilité de la vie. C'est clair et joyeux, en regard des meilleures toiles académiques de 4849. La même qualité, quoique à un degré moindre, se voit dans les tableaux de M. Hunt : pas un repoussoir, pas un parti pris d'ombre, pas une combinaison d'écran ou de soupirail. Partout où le peintre a vu de la lumière, il en a mis, jusque dans la petite main de l'enfant à genoux qui tient un chasse-mouches dans le tableau de *Jésus trouvé au Temple*. Cette recherche laborieuse, infatigable, exaspérée des effets multiples du soleil, de ses coups, de ses contre-coups, de ses pleins et de ses déliés, de ses arpèges et de ses trilles, de ses inondations et de ses infiltrations, de ses mille reflets et contre-reflets, sans choix, sans plan d'ensemble, déconcerte au premier abord et irrite comme ces histoires de méchantes fées obligeant une pauvre fille à retrouver un collier de perles semées dans la forêt. Mais peu à peu l'écheveau se dévide, les fils se débrouillent, l'ensemble voulu par la nature apparaît, et, bien que les couleurs restent fort désagréables, on voit les clartés se répondre, s'harmoniser, les perles une à une se rejoindre, s'unir et reformer le collier. — Au premier coup d'œil jeté sur le *Troupeau abandonné* d'Holman Hunt, on a l'impression d'une blessure. Ces moutons, d'un rouge sanglant, dans des buissons indigo, sur des rochers martelés, comme des nougats, sous un ciel intransigeant, font penser aux pires excès de nos luministes, et lorsqu'on songe que ce tableau date de quarante et un ans, on se demande s'il ne faut pas y voir une des premières manifestations de l'école du plein air, et si les chevaux violets de M. Besnard ne descendent point, par une filiation bizarre, des moutons rouges de M. Holman Hunt. Mais imparfaits comme réalisations, ces essais valent beaucoup comme tentatives. Ces tons posés franchement les uns à côté des autres crient souvent, mais vibrent parfois très fort. Avec toutes ses extravagances, Hunt a fait chanter une couleur qui sommeillait lourdement avant lui. Ce n'est parfois qu'un éclair, mais à cet éclair, on voit combien les P. R. B. ont eu raison d'abandonner l'atelier pour les champs, la tradition mal comprise pour la nature même imparfaitement dévoilée. Ce n'est qu'un mot, mais ceux qui l'ont prononcé avaient confusément pressenti ce qu'il y a de fécond dans l'idée d'opposer le « système du soleil » au « système des renaissants ». Ainsi, plusieurs fois, les P. R. B. ont passé tout à côté des découvertes modernes. A plusieurs reprises, ils ont balbutié les premiers mots de notre dernière révolution esthétique. En les regardant, on a la même impression qu'en lisant la *Dixme royale* de Vauban : c'est un monde nouveau, non pas clairement vu encore, mais naïvement pressenti et à demi prophétisé. Il ne faut donc pas croire qu'en réduisant à la ligne originale et à la couleur franche tout le pré-raphaélisme, on diminue son rôle : on l'agrandit au contraire. Le nom de leur revue, le *Germe*, était bien trouvé. Le pré-raphaélisme contenait en germe toute la peinture contemporaine.

Ainsi donc, quelles qu'aient été leurs théories, ou celles de leurs amis, quel que fût le but qu'ils proclamèrent ou qu'on leur prêta, les pré-raphaélites modifièrent profondément chez leurs compatriotes l'idée de la ligne et de la couleur. Peut-être à leur insu, certainement sans qu'ils s'en rendissent un compte très précis, ils introduisirent en Angleterre l'habitude de serrer de près l'expression d'un sujet par des gestes significatifs et de poursuivre l'éclat du ton par une grande naïveté de moyens. Cela pouvait-il donner à l'Angleterre des chefs-d'œuvre, c'est et » que nous verrons après avoir examiné les principales manifestations de la peinture anglaise contemporaine mais à coup sûr, cela devait lui donner des œuvres nouvelles et un art national. Peut-être les pré-raphaélites ne gagnèrent-ils pas la bataille qu'ils livrèrent ; ils en gagnèrent une autre. Peut-être ne prouvèrent-ils pas que la nature est le dernier mot de l'art, mais ils prouvèrent qu'elle en est le premier et que les efforts d'une pléiade d'hommes de talent et de volonté, quelle que soit la fin qu'ils se proposent, ne sont jamais perdus.

Quand aujourd'hui nous regardons, avec le recul des années, cette chevauchée des pré-raphaélites partant pour conquérir la terre-sainte de l'art, il nous semble voir une des dernières croisades. Ils partirent tous en 1848, revêtus de la même armure, croisés sous le même drapeau. Combien sont arrivés en 1894 ? Les uns, comme Deverell, sont morts en route avant d'avoir pu voir briller les toits et les clochers de la ville sainte. D'autres, comme Millais, sont rois dans quelque île et oublient, parmi les honneurs dont les comblent les infidèles, le but de l'expédition. D'autres, en passant près de quelque couvent, au penchant des collines, se sont dit que la route était bien longue, le retour bien incertain ; ils sont entrés là, attirés par les cloches, ces |sirènes du ciel, et l'on ne sait ce qu'ils sont devenus… Quelques-uns sont parvenus jusqu'à la Jérusalem de l'art et y ont planté leur drapeau. Mais quel drapeau ? Il est bien changé, l'étendard pré-raphaélite des premiers jours ! Le vent des batailles, la patine des années ont bien refroidi ses teintes autrefois si intransigeantes ! Tel qu'il est cependant, il flotte sur un des sommets du siècle, comme un témoignage de la plus noble tentative, du plus prodigieux effort des artistes modernes. Et du pré-raphaélisme on peut dire ce qu'on a dit des croisades : qu'il n'a peut-être pas rempli exactement son but, mais qu'il en a réalisé un plus durable et plus universel, et qu'il n'a pas été inutile pour le rajeunissement du vieux monde et pour la gloire de la chrétienté.

I. — L'ART MYTHIQUE. — L'ART CHRETIEN. — L'ART ACADEMIQUE

I. — L'ART MYTHIQUE. — M. WATTS

M. Watts disait dernièrement à un ami : Je peins les idées, non les choses. Ce mot vaut une définition. Les idées, si elles ne sont pas le tout de l'art, sont le tout de Watts. Elles ont inspiré sa carrière ; elles sont la raison même de sa vie. Si M. Watts peint, ce n'est pas pour son plaisir, ni pour celui des autres. Il peint pour « être utile à sa génération ». Il peint pour moraliser les cockneys et pour faire réfléchir les clubmen sur leurs destinées. Il semble qu'un ange soit descendu des cieux et lui ait dit en anglais : Travaille ! Il n'importe que tu fasses de mauvais tableaux, mais il importe que tu sauves les âmes ! « Car la mission propre de l'art est d'inspirer aux hommes de grandes pensées et de grandes actions. Pour la remplir, il faut que l'artiste s'efforce d'incarner dans l'art un écho des intérêts essentiels de la vie, quelque chose de plus complètement suggestif pour le tout de l'humaine nature qu'une conception purement artistique… Mon but est et sera toujours non de faire des tableaux qui réjouissent les yeux, mais de pénétrer jusqu'à l'intelligence et l'imagination, d'y attiser ce qui est bon et noble et de retentir jusqu'au cœur. » On l'a appelé avec raison « le peintre des vérités éternelles ». On trouverait difficilement un tableau de lui qui ne fût un sermon. *La Mort, le Jugement*, et *le Temps, Mammon, Caïn, le Châtiment de Paolo et Francesca, l'Ange de la Mort, la Conscience, Sic transit, l'Esprit du Christianisme*, tels sont les sujets que ce vieillard de soixante-seize ans a traités toute sa vie. Un assez grand nombre de portraits aussi, parce que le portrait est « la fenêtre de l'âme », mais pas de scène de genre, ni de paysage, parce que le paysage ne prouve rien. D'ailleurs, il ne cherche à prouver que des dogmes très universels et dont toutes les confessions peuvent s'accommoder. Si le Parlement des religions, — qui s'est tenu naguère à Chicago sous la présidence d'un cardinal assisté d'un brahmane et d'un schismatique, avait voulu, pour décorer sa salle des séances, quelques peintures religieuses, c'est à Watts qu'il les aurait demandées. Et sans aucun doute le maître eût accepté cette mission, car il estime qu'il n'y en a pas d'autre honorable pour un artiste et que « l'art, en abandonnant ce but élevé, en n'étant plus employé au service de l'Etat ou de la Religion, court risque de perdre son grand caractère d'enseignement intellectuel ». Pour lui donc, il ne néglige rien de ce qui peut aider son apostolat par le pinceau. Si la foule ne vient pas à lui, il va à la foule, avec une liberté d'allures que n'auraient pas nos artistes français. Mais il n'y va que pour l'élever jusqu'à lui. Nous autres, nous cherchons à aller au cœur de la foule en sacrifiant trop souvent de la dignité esthétique ; lui, il ne cherche qu'à aller devant ses yeux, sans rien concéder à ses goûts ou à ses caprices. Nous mettrions volontiers des scènes de genre dans les églises ; lui, il voudrait mettre des scènes de la Bible dans les gares de chemins de fer. Un des grands chagrins de sa vie a été de ne pouvoir peindre l'*Histoire du Cosmos* dans la station d'Euston. Repoussé par les directeurs de la compagnie, il s'est tourné vers les magistrats et a obtenu de couvrir de fresques un large mur de la nouvelle salle de Lincoln's Inn, vers les prêtres et il a décoré l'église de Saint-Jacques le Mineur. Enfin, sa demeure de Little Holland House, dans le West Kensington, à Londres, pleine de grandes œuvres mythiques, est ouverte à tout venant, le dimanche, et après sa mort, ces œuvres seront léguées à la nation. Comme elles s'adressent à l'humanité tout entière, chaque peuple en aura sa part, et déjà l'une d'elles est promise à l'Amérique. Répandre à l'est et à l'ouest le grain des austères résolutions et des viriles pensées, c'est assez pour Watts. La gloire lui est indifférente, le bruit lui est importun. Les opinions passent devant sa porte, sans qu'il leur accorde un asile. Il a refusé le titre de baronnet ; il consent avec peine à ce qu'on écrive sa biographie. Il ne croit même pas avoir fait de la bonne peinture ; il croit avoir fait mieux que cela : son devoir. « Pour produire de grandes choses, écrivait-il un jour à un ami, il faut et il suffit qu'on aille jusqu'à la limite de ses forces, sans s'arrêter à considérer si la chose est grande ou petite en elle-même. Le réellement grand est tellement au-dessus de ce qu'on peut atteindre, que toute comparaison deviendrait une constatation de son indignité. Travailler avec toutes les énergies du cœur, mais aussi avec toute la simplicité de son cœur, voilà le devoir, et quiconque l'a fait a le droit d'être content, quel que soit le résultat de ses travaux… Si j'ai servi à montrer la voie pour que d'autres fassent mieux, je serai content, mais je ne m'attends pas ni ne désire que mon œuvre soit trouvée grande en elle-même. »

Idéaliste, M. Watts ne l'est pas seulement par les sujets qu'il traite et par le but qu'il poursuit. Il l'est plus encore peut-être par les moyens qu'il emploie. Ce n'est pas seulement sa conception générale de l'art, qui se rattache à des dogmes moraux, c'est sa méthode, c'est sa façon à lui de composer, de dessiner et de peindre. En tout, on le trouve déterminé par des idées, non par des choses et non par l'idée de beauté, mais par l'idée de convenance, de noblesse et de stabilité. Il ne choisit nullement un sujet pour ses belles formes ; car les formes, tout d'abord, il ne les voit pas. Ses idées ne naissent pas toutes parées, tout armées, revêtues de lignes et de couleurs, mais bien toutes nues, comme par exemple l'idée que l'on n'est riche au ciel que de ce que l'on a donné sur la terre, et pendant six, dix, quinze ans quelquefois, elles vont dans le monde des choses, comme un Bernard l'Ermite sur la plage, cherchant un vêtement. Jusque-là ce n'est que par un artifice de langage qu'on peut dire qu'il les imagine ; comme elles ne sont pas revêtues d'images, il est plus vrai de dire qu'il les conçoit. En 1869, il faisait le portrait d'un homme jeune, riche, distingué, instruit, qu'attendaient, semblait-il, les plus beaux horizons d'avenir, mais que minait un mal incurable. Les séances se poursuivaient par intervalles. A chacune d'elles, l'artiste attentif aux moindres expressions de la physionomie, sentait que le mal avait fait des progrès et que la fin était proche. Il remarquait en même temps les figures anxieuses des parents, de la fiancée, des amis. Tout ce que l'affection peut faire pour arrêter encore un peu la mort qui planait sur cette demeure, on le fil. Il vint alors à la pensée de Watts un projet d'allégorie mythique : *l'Amour plus faible que la Mort*. Voilà une conception pure. Elle n'emprunte au spectacle que le peintre a en ce moment sous les yeux rien de plus que l'idée. Cette idée, un jour, se transformera en image : un enfant ailé, à demi renversé contre une porte où il écrase ses ailes frémissantes et tâchant, de son bras tendu, de repousser un grand fantôme massif, aux épaules brutales, qui, sans effort, passe outre… Pendant quatorze ans, cette idée est demeurée en suspension dans l'esprit de Watts ; elle s'est rendue plastique enfin, et, après de multiples transformations, est devenue *l'Amour et la Mort,* qui se trouve aujourd'hui dans son atelier, après avoir séjourné longtemps dans un escalier du musée de South Kensington.

Le dessin et le coloris sont réglés eux aussi par des idées indépendantes de l'impression d'art. Pour les sujets solennels, telles couleurs, et pour les autres, des tonalités différentes. On se souvient du mot de Poussin : « Nos appétits n'en doivent pas juger seulement, mais aussi la raison. » Ensuite, comme il convient que des « vérités éternelles » ne soient pas exprimées en un langage qui passera comme la verdure des champs, Watts proscrit tout médium, tout délayage dans l'huile ou dans toute autre substance, tout mélange de couleurs dont il ne peut prévoir la solidité. Il pose les couleurs à sec, sur sec, sans les fondre, touche par touche, raie par raie, comme du pastel. N'importe que ce soit moins joli : c'est plus stable ! Pareillement, son dessin s'inspire d'une idée préconçue plutôt que de la nature. M. Watts fait bien poser devant lui un modèle, mais il ne le regarde pas. S'il le regardait, l'être vivant pourrait modifier l'idée qu'il s'est faite du mythe, et le mythe seul importe. Il ne regarde même pas beaucoup les gens dont il fait le portrait. Il les lit, il les écoute, il les expérimente en quelque sorte, pour saisir le trait distinctif qui les isole, les spécifie et qui reste seul dans le souvenir lorsqu'on pense à eux ; mais il ne s'inquiète pas de ce qui n'est pas en eux signe d'idée. D'ailleurs, dans ses compositions, que lui apprendrait le modèle ? Comment est fait tel ou tel individu ?... C'est l'humanité qu'il veut peindre et un homme n'est pas l'humanité ! C'est ainsi qu'il a répondu aux rigoristes qui voulaient lui interdire de faire ce que lui seul a fait pendant longtemps en Angleterre : l'académie nue. « Voyez, dit-il, mon tableau de *Mammon*. La créature foule aux pieds la figure sans vêtements d'un jeune homme, et sa main pesante s'abat brutalement sur la tête d'une jeune fille. Pourquoi ai-je peint ces petites victimes nues ? Parce qu'elles sont des types d'humanité, et que si elles avaient été vêtues (particularisées par conséquent) la force de mon enseignement eût été détruite. Elles auraient cessé d'être des types. »

C'est une idée aussi, non plus philosophique ou religieuse, mais patriotique, qui a guidé la main de Watts dans le contour solennel et grandiose de ses figures. Faire noble, telle a été la première ambition de sa jeunesse, le premier cri de son cœur devant ses seuls maîtres : les marbres de Phidias. Et pourquoi faire noble ? Parce que le noble est plus beau que le vulgaire ? Non, mais parce qu'il est plus honorable pour la patrie anglaise. Nous avons vu, en étudiant l'art antérieur au pré-raphaélisme, que, lorsque parut Watts, tout le génie des peintres à la mode s'appliquait à détailler le costume des personnages comiques de Goldsmith ou à lustrer le poil d'un chien dans une niche. On eût dit que jamais les Anglais n'avaient été touchés par les grands spectacles de l'histoire ou les hautes conceptions de la philosophie. Pourtant ils avaient une littérature noble, une poésie élevée, qui ne le cédaient en rien à celles des autres nations. Etait-il possible que leur peinture, « ce miroir où l'on peut lire le caractère des hommes et des peuples, ou plutôt ce microscope où ce caractère est grossi cent fois » s'il faut en croire Ruskin, continuât à faire croire au monde qu'il n'y avait dans le Royaume-Uni que de mesquins plaisirs et que de petites passions ? Non ! « La noblesse qui manque à l'école anglaise ne manque pas au caractère anglais : donc elle doit être manifestée. » Coûte que coûte, que ce soit ou non dans le goût des peintres anglais, que ce ne soit pas dans leur génie, que ce ne soit pas dans leur tradition, que ce ne soit pas dans leur œil, que ce ne soit pas dans leur main, — l'Angleterre aura un art héroïque. Depuis un demi-siècle elle ne produit que des bonshommes : ce sont des hommes qu'elle va profiter sur ses murs, et des hommes résumant en eux ce qu'il y a de plus noble dans l'humanité. Si le peintre échoue, il aura montré sinon que les Anglais sont de grands artistes, du moins qu'ils sont de grands citoyens. A de certains moments la victoire n'est pas nécessaire, mais l'effort est indispensable. Watts cherchant à faire revivre dans ses toiles les marbres mutilés de Phidias, c'est lord Cardigan chargeant à Balaclava. L'entreprise est folle, inouïe, sans espoir ; le succès impossible. Il le sait. Mais l'honneur de l'Angleterre veut qu'on tente cette chose à la face des nations. Et le général lance ses hussards sur les baïonnettes et les canons russes où ils trouveront leur perte, et Watts brosse ses grandes compositions mythiques où sa vie se dépensera sans succès.

En effet, si après avoir considéré ses idées, nous regardons ses œuvres, nous éprouvons d'abord la plus pénible surprise et le plus profond désenchantement. Parmi des tonalités de teinture d'iode, de bleu de Prusse, et de marc de raisin, deux personnages, tout en tige, s'agitent dans une toile toute eu hauteur. Ces figures flottent éparses sur un bout de paysage amorphe. Les lignes déjetées courent les unes après les autres, cherchant à se ressaisir. La ligne du bras court après la soudure de l'épaule, et les jarrets cherchent les cuisses. On dit que Watts dessine en peignant et que c'est son coup de pinceau qui fixe le contour ; on dit même qu'il transporte ainsi directement la figure du modèle dans sa composition, sans étude intermédiaire, afin de ne pas s'imprégner trop longtemps des formes qu'il a sous les yeux, dans la réalité. Le dessin se ressent de cette hâte. Les personnages ressemblent à de grands arbres que le vent jette dans de chimériques embrassements. Ils se ploient, se courbent, se redressent avec des débandements subits. Le vent joue un grand rôle dans ces toiles. Il mêle des nuages, des herbes, des oiseaux, des rayons, des voiles, des écharpes, des plis, des chevelures, des étreintes, des enjambées, des torticolis, des bistournages et des affaissements. On ne sait où vont, d'où viennent, ce que veulent toutes ces lignes de couleurs crues, effilochées comme des écheveaux de laine à tapisserie. Les contours de M. Fantin-Latour, — l'artiste français qui se rapproche le plus de Watts, — sont précis en comparaison. En voyant Orphée, Eurydice, la fille de Caïn, la Mort, la fée Morgane se tordre et se détordre, on songe à la métaphore énergique du vieux poète :

De frayeur ou de crainte

L'âme lui bat au corps…

Sous cette pression, ils se livrent à des mouvements de strepsichrotes. Subitement, ils détournent une moitié de leur personnage : le tronc par exemple, tandis que les jambes restent fichées en leur station première. Les chevelures rouges ou dorées croissent démesurément, descendent à terre, flottent comme des nuages : on dirait des réclames pour des marchands de pommade. Les mains sont occupées à des besognes inexplicables : ramasser de l'ombre, attraper des rayons de soleil… Des fleurs vaguent éparses, et avec cela, les chairs ont la pesanteur du bronze. Martelés en croûtes épaisses, les membres offrent un modelé à la fois sommaire et pénible. On dirait que du sang a coulé sur la toile et y a séché. Quant aux draperies molles et lourdes, bleuâtres ou livides sur des fonds de braise, elles se tordent, se creusent, se cassent, se divisent en mille canaux qui ruissellent. Il y a surabondance de plis. Les robes sont des surplis, les manches des accordéons. Toutes les couleurs crient ensemble. Parfois la violence de l'une atténuant la violence de l'autre, il se produit une harmonie à la vénitienne, mais c'est pour peu de temps. Les couleurs accompagnatrices chantent si faux que, malgré la beauté d'un duo, l'ensemble produit l'effet d'une cacophonie. Et l'on va quitter la place, persuadé qu'il n'y a rien là de digne d'être écouté !

On ne la quitte point cependant, car tandis que les couleurs de Watts étourdissaient nos yeux, ses idées ont pénétré jusqu'au fond de notre âme, et y ont douloureusement réveillé quelque chose qui dormait. Ces mythes que l'artiste a laborieusement enfantés en dehors de tout sentiment pittoresque, par les seules forces de son caractère et dans les seules énergies de son cœur, nous sentons avec surprise qu'ils sont humains, qu'ils sont contemporains, et qu'ils sont vivants. Il y a quelques années, quand je visitai pour la première fois le musée de South Kensington, je pris un peu au hasard l'escalier qui conduit à la bibliothèque, un des coins les moins connus et les moins fréquentés de l'immense palais. Cette petite cage d'escalier est remplie de toiles qui y passent quelques années, puis disparaissent, comme des marchandises dans un magasin. J'avais à cette époque la conviction, commune à beaucoup de gens, que la mythologie était un genre faux, caduc et banal ; qu'on ne pourrait plus désormais tirer de ces figures impersonnelles, — la Mort, la Justice, le Temps ou l'Amour, — qu'une décoration sans âme pour des plafonds de parlements ou de pâtisseries. Je croyais, comme bien d'autres, que pour infuser à ces mythes, fatigués de planer dans l'abstraction, du sang nouveau qui les fît vivre, un sentiment ému qui les fît parler, il fallait, de toute nécessité, les transformer en morceaux de la vie contemporaine, montrer par exemple non la Mort, mais une mourante, entourée de ses enfants, *vus par un jour de printemps* ; non l'Amour, mais un couple de canotiers confiant aux reflets tranquilles des îles de la Seine le secret de leur bonheur. J'avais encore cette opinion en gravissant les premières marches de l'escalier ; quand je fus arrivé à la dernière, je ne croyais plus que la mythologie fût morte, ni que grandir jusqu'à l'insexuel, l'impersonnel et l'universel d'une idée la figure d'un fait, ce fût lui ôter la chaleur du sentiment et le dramatique de la vie. Qu'y avait-il donc entre ces deux opinions ? — Il y avait deux toiles de Watts.

Ces mythes, il est vrai, étaient choisis parmi ceux qui ne perdent rien de leur fascination à mesure que le monde perd de son mystère. C'étaient, d'un côté, *l'Amour et la Mort*, de l'autre, *l'Amour et la Vie*. Pour que nos yeux cherchent encore avec curiosité l'image d'êtres qui n'ont jamais existé, qui n'ont fait qu'incorporer un état de nous-mêmes, il faut que ce soient des êtres dont nous souhaitions ardemment de pénétrer l'existence, et si nous savons que celle-ci est tout imaginaire, il faut, mais il suffit que rien dans la vie ne soit plus certain, rien plus puissant, rien plus inévitable que ces personnages conventionnels. — La science et la critique modernes ont mis en fuite bien des physionomies allégoriques et tari bien des sources de poésies. Jupiter porte-foudre est ridicule, depuis qu'il évoque la figure de M. Edison, au milieu de ses piles électriques, mille fois plus puissant. Iris, la messagère des dieux, traverse l'Atlantique moins vite que la cote de la Bourse de New-York. Le Temps, avec ses ailes qui balaient le sol et son sablier en sautoir, ne figure plus utilement que dans les rébus ; et les chimistes, en transformant l'agriculture, ont mis un alambic à la place d'une corne d'abondance, dans la main de Cérès. Toutes ces idées évoquent en nous des images trop connues et trop vulgaires pour qu'on puisse à nouveau leur donner la personnalité d'une déesse ou d'un dieu. Mais deux mythes ont gardé sur nous toute leur fascination et toute leur puissance : l'Amour et la Mort. — La Mort est ce qui donne sa valeur poétique à la vie, comme la Nuit est ce qui donne son sens poétique au jour. C'est en sortant du néant, ou en se rapprochant de l'inconnu, que ce qui vit excite le rêve : c'est au crépuscule que les objets qui ne vivent pas semblent vivre, révèlent leurs formes les plus saisissantes et parlent leur langage le plus secret. Les actes les plus ordinaires de la vie, lorsqu'ils en précèdent la fin, reçoivent de la considération de la mort comme un grossissement, une déformation qui les grandit et les idéalise. Chacun de nous, alors, a son heure de rayonnement. Il n'est d'herbe si commune qui ne répande un parfum quand on la fauche. La mort est donc, dans notre société raisonneuse qui explique tout, la suprême ressource de la poésie, parce qu'elle seule reste inexpliquée, et qu'elle laisse encore quelque chose de très neuf après soi. — De l'Amour, on peut dire la même chose. Son approche donne aux existences les plus monotones et les plus futilement banales une teinte de poésie qu'on ne leur soupçonnait pas, et sa fuite leur laisse un reflet qui les colore jusque dans la vieillesse. Pour bien des esprits réfractaires à toute idée d'au-delà, l'heure où ils ont aimé est la seule heure où ils aient senti la sympathie des choses, le vide de l'égoïsme, la fuite de la jeunesse, la seule heure en un mot où ils aient pensé. C'est aussi, avec la Mort, la plus mystérieuse des puissances qui dominent l'homme, A celui-ci, l'Amour apparaît bien toujours comme un dieu. Il ne se figurerait pas autrement la soudaineté de ses inspirations, ni l'inflexibilité de sa puissance. La foule polyglotte qui va, par les beaux soirs d'été, au penchant d'un coteau de Bavière, regarder Yseult boire le philtre de Brangaine, croit à ce Dieu autant que les foules grecques qui célébraient sa fête, et le mot qui vient sur toutes les bouches, dans tous les idiomes du monde, ces soirs-là, est encore le mot de la *Vita nuova : Ecce Deus...*

Watts a senti tout ce qu'il y avait là de ressources, de vie, pour ses créations abstraites. Il a compris que tous les inconnus n'étaient pas « fermés », comme le prétend un vers célèbre de Mme Ackermann, et que, dans ces deux-là au moins, il pouvait encore « loger ses fantômes ». Tant qu'on aimera, la poésie, même sous sa forme abstraite, vivra ; tant qu'on mourra, la religion ne mourra pas. Voulant rajeunir les mythes, il a choisi les deux plus grands, les deux plus attirants, ceux que la science n'explique pas et ne diminue pas dans l'esprit des hommes : l'amour et la mort. Mais ce choix n'eût pas suffi, si le maître symboliste n'avait apporté dans leur figuration, à défaut de grandes qualités esthétiques, un sentiment profond et nouveau, et si sur ces sujets où tout a été peint et où tout a été dit, il n'avait pas fait penser et paraître encore quelque chose.

Quelle est donc son idée de l'amour ? Regardons sa toile fameuse de South Kensington : *l'Amour et la Vie.* — Sur l'arête d'un rocher, en silhouette sur le ciel, se détache une figure de jeune homme, largement ailé, qui est l'Amour, gravissant la rude pente qu'on ne monte jamais deux fois. Il se retourne et soutient pour l'entraîner plus haut une jeune fille plaintive, lasse et résignée, qui est la Vie. Elle ploie légèrement sous la fatigue et met ses deux petites mains dans les mains de son guide viril. Ses yeux se lèvent vers lui avec une expression de tendresse et presque de reproche. Sa bouche entrouverte semble faite pour murmurer les vers de Pétrarque :

Amor che vedi ogni pensiero aperto...[1]

---

1 « Amour qui sais toutes mes pensées et qui vois bien le rude chemin par lequel

Cet amour qui relève, qui console, qui soutient, qui éclaire la vie, ce n'est pas seulement l'Eros fatal et malicieux dont M. Paul Bourget décrit la psychologie, M. Ohnet les aventures, et M. Zola les crimes. Ce n'est pas, entendons-le bien, le fils de Vénus qu'Anacréon mène par la main à Théocrite et que Théocrite conduit à Ovide, qu'Ovide présente à Jean de Meung et Jean de Meung au Tasse, parmi les sentiers odoriférants d'Armide, sablés de la poussière des chevaliers heureux… C'est aussi, c'est plus encore l'amour dévoué, sous quelque forme qu'il se manifeste : filial ou fraternel, compatissant et social. Elargissons même les limites de cette vision : laissons-y passer le souffle des universelles espérances de ce paupérisme navrant, dans cette capitale de quatre millions d'âmes, que nous ne pouvons oublier, au fond de ce musée, pas plus qu'on n'oublie l'Océan, quand on est sur ses bords, même dans une maison close. Nous apercevons alors dans cette figure de Watts un autre amour, mille fois plus vaste et plus consolateur, qui vient sur le chemin au-devant de toutes les vies qui se traînent, qui faiblissent, et les aide à gravir la pente escarpée. Cette figure qui change de nom à chaque oscillation de la pensée humaine, depuis Philanthropie jusqu'à Altruisme, nous lui conserverons celui de Charité. C'est elle qui, se donnant tout entière et partout, est non le compagnon d'une saison, comme Eros, mais de tous les âges, non le guide d'un voyage, mais de toute la vie…

Et maintenant quelle est sa conception de la mort ? Si l'on veut s'en faire une idée, non seulement philosophique, mais plastique, il faut lire une page des *Commentaires d'un soldat*, où M. Paul de Molènes, racontant la guerre de Crimée, décrivait l'impression que lui firent les horreurs du choléra, à Varna : « La nuit, dit-il, quand je m'endormais sous la tente ou quand je venais à me réveiller, tout à coup, il y avait un bruit que j'entendais sans cesse : c'était celui des lourds chariots s'acheminant vers le cimetière ; le jour était consacré aux convois isolés ; les convois qui portaient à la

---

tu me mènes, jette un peu la vue sur moi et regarde, de grâce, ce qui se passe dans le fond de mon cœur, qui est ouvert à toi seul et caché à tous les autres. « Tu sais bien ce que j'ai déjà souffert pour te suivre, et cependant tu ne me donnes aucune relâche et m'entraînes toujours de précipice en précipice : tu ne t'aperçois pas que je suis déjà las et quo le chemin est trop rude pour moi. « Je vois briller au loin cette douce lumière à laquelle tu veux me conduire, mais je n'ai point d'ailes pour te suivre. »

terre des hécatombes étaient réservés pour la nuit. Je connaissais le cimetière voisin ; plus d'une triste cérémonie m'y avait appelé. Quand j'entendais, dans les ténèbres, le bruit de ces chars funéraires, je me rappelais ces longues files de fosses creusées la veille pour les morts du lendemain. Eh bien, je crois pouvoir le dire : j'ai rarement goûté de plus paisibles sommeils qu'au bord de ce chemin, dans mon bivac de la mer Noire. La mort n'est vraiment horrible que de loin et quand à de longs intervalles on dirige vers elle un regard furtif, mais quand notre destinée nous pousse à elle franchement, quand on en vient en quelque sorte à dormir sur son sein, on lui trouve une douceur de nourrice. » — Telle est la mort que Watts a peinte.[1] Il l'a placée sur un trône fait de ruines, entre deux anges colossaux, debout, qui penchent la tête et semblent près de céder au sommeil. Au pied de ce trône, chacun vient tour à tour s'incliner et s'offrir. Cela s'appelle la *Cour de la Mort*. Etranges courtisans que ceux-ci, qui apportent tout ce qu'ils possèdent, en échange d'un peu de repos ! Le roi dépose sa couronne comme on se débarrasserait d'un talisman qui vous aurait donné le triste privilège de mieux voir la bassesse des hommes. Le chevalier dépose son épée, car les monstres qu'on tue renaissent toujours. Un infirme se traîne avec sa béquille qu'il laissera en ex-voto à la Reine libératrice de toutes les souffrances. Une jeune fille s'appuie affectueusement et s'endort dans les plis de la robe de la Déesse. On pense au *Tod als Freund* de la vieille gravure allemande ; on croit entendre la mélodie des guitares qui accueillent, au Chili, la mort d'un enfant. Enfin, si l'on regarde dans les larges mains de la Mort, on y voit un tout petit être, un nouveau-né qu'elle semble bercer et surveiller pour une éclosion nouvelle... Toutes ces figures sont graves ; aucune n'est effrayée ; l'une, celle de la jeune fille, semble heureuse. Ceux qui croient à la vie, qui en espèrent encore quelque chose, qui ne veulent pas partir avant d'avoir accompli une tache qu'ils croient utile, ou goûté un plaisir qu'ils croient différent, ne figurent point parmi les courtisans de ce Versailles éternel. Mais ceux qui ont senti les espérances sur lesquelles ils s'appuyaient, comme sur du fer, se briser comme des roseaux, les affections qu'ils croyaient infinies parvenir à leurs limites, ceux qui ont touché du pied les collines qui leur paraissaient si belles quand elles étaient lointaines et ont trouvé qu'elles n'étaient qu'un peu de

1 Il a dit lui-même : *The kind nurse who comes to put the children to bed.*

terre, comme la plaine d'où ils étaient partis, ceux-là se rassemblent autour de la Reine, et pas un geste ne montre qu'ils soient venus à regret. Voilà ce qui donne sa signification, sa tristesse indicible, à ce grand tableau, à cette toile énorme, à peine ébauchée, encore à demi nue et sans couleurs ! Si Watts n'avait montré parmi les courtisans de la Mort que les misérables, que les infirmes, que les parias, que ceux qu'on voit chez Ary Scheffer tendant vers le Christ consolateur leurs mains chargées de chaînes, ou bien ces boiteux, ces culs-de-jatte, ces lépreux, qu'on aperçoit au Campo Santo de Pise implorant la Faucheuse qui passe, il n'aurait point produit une impression si neuve, ni si douloureuse. Qu'y a-t-il de si triste à voir des prisonniers acclamer la délivrance ? Mais qu'un roi dans toute sa puissance, qu'un chevalier dans toute sa jeunesse, que les heureux de ce monde et que les triomphants, se résignent à quitter ce triomphe et à laisser ce bonheur, voilà la plus triste des choses humaines, parce que c'est celle qui montre le mieux l'envers des choses humaines. Tant que la vie nous refuse ce qu'on croit qu'elle possède, il n'est pas d'incurable tristesse : on gémit, on se plaint, mais on résiste, car on croit ou l'on peut croire que le bonheur est dans ce que le destin nous dénie avec tant d'obstination. Mais lorsque, la vie nous ayant montré tout ce qu'elle contenait, on voit qu'elle ne contenait rien ; lorsque, les années nous ayant livré le secret de la destinée, on s'aperçoit qu'il n'y a pas de secret de la destinée et que les lèvres du sphinx ne se refermaient que sur du néant, alors cela est pire que le désespoir et l'on est vraiment prêt pour la mort.

Ainsi Watts est le peintre de l'Amour et de la Mort, mais non de la mort odieuse ou ridicule, de ce squelette échappé d'un cabinet d'anatomie, qui mène la Danse macabre ou que le vieillard des contes populaires retient prisonnière dans son oranger, non de l'Amour gouailleur et polisson, de ce bambin bon à fouetter qui fait des niches aux nymphes de Thorwaldsen, ou crible de flèches en papier les jeunes bergers de M. Bouguereau. Son Amour est viril et sa Mort est bienfaisante. Le premier soutient la vie et la seconde la guérit. Son Dieu ailé est le Dieu fort qui fait battre les cœurs pour le sacrifice ; sa Déesse voilée est la mère attentive qui berce les corps pour le repos. A lui on va, lorsqu'on veut lutter encore, parce qu'il est la lumière des esprits qui se troublent elle soutien des volontés qui ploient. A elle on retourne, lorsque, ayant senti la meurtrissure des défaites, ou mieux, le vide des victoires, on se résigne à goûter la paix et la sérénité du jour sans lendemain. Et lorsque le vieil artiste, inspiré par un coup de génie, met en présence cet Amour et cette Mort, grands comme il les a conçus, beaux comme il les a faits, tels pour ainsi dire qu'il les a réhabilités, alors il atteint le sommet de son œuvre et de sa pensée. Ce petit Amour, qui se bat comme une sentinelle, qui se raidit, qui virilement refuse de laisser passer la sombre visiteuse, est noble et grand : il est persuadé que la vie est un bien pour celui qu'il protège ; il veut la lui conserver : il fait son devoir. Mais noble et grand aussi ce fantôme qui s'avance, sans colère, et semble dire à l'enfant courageux : « Tu ne sais ce que tu fais ! Tu l'as accompagné, tu l'as soutenu dans les sentiers escarpés : je le conduirai dans le royaume où il n'est plus de fatigue. Ton rôle est Uni ; laisse le mien s'accomplir. Tu peux moins que moi pour lui. Tu l'éblouis, mais je l'éclaire ; tu le guides, mais je le recueille ; tu le consoles, mais je le guéris. »

Un jour que Michel-Ange et Raphaël, avec ses élèves, se rencontrèrent dans les jardins de Rome, le vieillard plaisanta le jeune homme ainsi : « Tu vas entouré de monde, comme un chef d'armée ! — Et toi, répondit le Sanzio, tu vas seul, comme le bourreau. » Ce mot s'applique aussi à Watts, à son art que personne ne suit, à l'effroi qu'il inspire, à la profonde empreinte qu'il fait sur l'imagination. Quand on pense à tous les artistes qui travaillent au-delà du détroit, c'est Watts, le plus sombre, qui fait tache dans la mémoire. Il n'a rien peint qui nous récrée. Il a été le bourreau de tous nos rêves de joies, le bourreau de toutes nos illusions, le bourreau de toutes les formes fraîches, graciles, de toutes les nuances délicates, de tous les plaisirs. Sanson, qui trancha tant de jolies têtes, ne devait pas faire plus d'horreur aux survivants de Thermidor. Et en le voyant, comme en voyant le bourreau, nous pensons à la dernière heure, non seulement des criminels mais de tous les vivants, au seul tableau inévitable de notre vie, à ce que nous serons alors et surtout à ce que nous voudrons avoir été.

II. — L'ART CHRÉTIEN. — M. HOLMAN HUNT

Parmi les innombrables visiteurs du Champ-de-Mars qui se

pressaient devant les petits tableaux de M. Tissot et admiraient le long effort et la méditation religieuse d'où ces gouaches sont sorties, bien peu, sans doute, ont accordé un souvenir au créateur de ce genre d'évocation, à l'énergique pionnier qui ouvrit, il y a quarante ans, cette voie où les Bida, les Munkacsy, les Vereschaguine, les Schmalz ont marché depuis, — à Holman Hunt. C'était en 1854. Le jeune pré-raphaélite venait, avec sa *Lumière du monde*, de rallier tous les suffrages et se trouvait à ce point précis de la vie du débutant heureux où il ne s'agit plus de vaincre, mais de profiter de la victoire. Produire beaucoup pour bien enraciner dans la mémoire du public son nom déjà célèbre, et ne produire que des œuvres semblables à celle qui avait fait son succès pour les imposer plus aisément aux marchands de tableaux et aux riches amateurs, telle était sa voie toute tracée, Holman Hunt ne fit ni l'un, ni l'autre. Il annonça à ses amis qu'il allait partir pour la Terre-Sainte, s'enfoncer dans le désert, et qu'on ne verrait plus son nom au bas d'une toile avant bien des années. Il avait vingt-sept ans. Ses amis, ses protecteurs considérèrent que c'était un suicide. Ils firent tout au monde pour l'en détourner, lui citèrent des exemples. Hunt resta inébranlable. « Je ne veux pas, répondit-il, rééditer toujours la même formule, le même sujet, le même sentiment. L'art a besoin d'air, besoin d'espace, besoin de renouveler ses inspirations. » Il ajouta que depuis longtemps il rêvait de peindre la plus grande de toutes les histoires, celle du Christ, et que pour la peindre de façon à émouvoir les esprits critiques, modernes, il fallait la prendre telle qu'elle s'était passée : humble, locale, humaine, et non pompeuse et idéale, telle que la tradition de la Renaissance l'avait transformée. Pour cela, il fallait l'étudier sur place. Il pensait que la vérité serrée de près serait encore assez éloquente et que même sans les anges, sans les nimbes, sans les colonnes corinthiennes, les baldaquins et toute cette fantasmagorie idolâtrique, des maîtres italiens, la vue de ce que le Nazaréen a souffert remuerait les âmes contemporaines. Il partit.

Hien que ce trait nous découvre ce que voulut être et ce que fut Holman Hunt. De philosophique et vaguement moralisateur qu'il était avec Watts, l'art se resserre avec lui dans les limites du christianisme ; et en même temps les contours s'arrêtent, les gestes se définissent, les lointains s'éclairent, des détails apparaissent. Pour la pensée, il semble qu'on passe des espérances d'un spiritualiste aux convictions d'un croyant et pour les yeux, qu'on mette au point le miroir d'un objectif. Cette figure impersonnelle, insexuelle, qui s'élevait au ciel, emportant des enfants dans les plis de son manteau, se précise, s'enveloppe de lumière, se couronne d'épines et nous reconnaissons le Christ. Ces petits enfants que la Mort prend dans ses bras, sans qu'on puisse deviner ce qu'elle en fera, s'éclairent d'une auréole, courent autour de Jésus, des roses et des palmes à la main et nous voyons que c'étaient les Saints Innocents : « Vous savez, écrit-il de Jérusalem à un ami, combien au-dessus de toutes mes affections humaines est mon amour pour le Christ. » Sa foi est large, bienveillante, curieuse de toutes les contradictions, mais inébranlable. Dès sa jeunesse, dans la boutique où il se délassait du *Doit et Avoir* en peignant sur la fenêtre des mouches que le garçon de bureau s'obstinait à vouloir chasser, il a lu Voltaire et Volney, Byron et Shelley. Plus tard, lié avec des positivistes, il a, dans les longues causeries, agité le problème des avenirs humains. Puis clans ses nombreux voyages en Palestine, il a emporté avec lui les ouvrages de Strauss et de Renan à Jérusalem : il les a lus à fond, *exhaustively* ; il les a médités dans sa petite maison arabe, le soir, lorsque l'ombre enveloppait une fois de plus le sommet voisin du Golgotha ; mais plus il fit les adversaires de ses croyances, plus il se sent heureux et raffermi. Chaque coup porté à sa foi l'enfonce plus profondément dans son cœur. « Si j'avais eu moins d'occasions de connaître l'histoire vraie, dit-il, peut-être que le travestissement sentimental que tel et tel écrivain parisien a mis à la Bible, accommodée à l'intellect moderne, m'aurait fait impression et inspiré le respect que beaucoup d'hommes ont pour leurs auteurs. » Ainsi l'on a tenté d'expliquer telle apparition par une illusion produite par les vapeurs sur certaines montagnes. Mais il a été voir ces montagnes, il les a tenues sous le vif rayon de son œil et les a fixées du bout de son pinceau, à foute heure, en Imite saison, et, en lui, le témoignage du paysagiste a renforcé les convictions du croyant. Après quelques années d'études minutieuses sur place, il écarte définitivement bien des doutes qu'avant, son départ il était près d'admettre. Ses amis de Londres s'en étonnent, s'en scandalisent, mais il leur répond délibérément : Eh ! sans doute, chez les prophètes il y a des obscurités, il y a des erreurs, mais qu'importe ? « Je peux, sans manquer de respect, concéder que les enfants auxquels les messages du Père furent transmis, ont bégayé, ont hésité et se sont exprimés seulement avec les lumières de leur âge ; mais à travers tous ces bégaiements, je reconnais un commandement divin, un ordre du Père, qui nous dit de croire et d'espérer. Des frères, des sœurs acceptent l'autorité du Père ; ils apprennent qu'il est là, tout près, quoique la bouche de celui qui le leur annonce, et qui n'est qu'un petit enfant comme eux, exprime cette vérité à sa façon. » Ainsi parle l'artiste dans ses *Souvenirs*, et en s'avançant ainsi jusque dans le domaine de l'exégèse et de la théologie, il ne croit pas avoir quitté celui de l'esthétique. En disant ce qu'il y a au fond de son cœur, il raconte ce qui vient au bout de son pinceau. Car M. Hunt est la conscience faite peintre. Il ne peint que ce qu'il croit. Et c'est parce qu'il croyait au Christ que, presque seul en Angleterre, il a fait de la peinture chrétienne.

Mais si ses sujets sont rigoureusement chrétiens, ils échappent aux attributions habituelles. Ils jetteraient la stupéfaction et peut-être le scandale dans lame des clients de cette imagerie pieuse qui, selon le mot d'un artiste, exprime bien mieux l'agonie de l'art que celle du Sauveur. Ses plus fameuses toiles représentent des scènes que lui seul a peintes, parce que seul il les a imaginées. Le Christ qui frappe à une porte, la nuit avec une lanterne, le berger mercenaire qui montre un papillon à sa compagne, au lieu de préserver ses moutons des herbes vénéneuses et de la dent du loup, le bouc qui s'enlise sur les bords de la Mer-Morte, la Vierge qui aperçoit l'ombre d'une croix sur le mur, les Innocents qui accompagnent la fuite en Egypte, voilà autant de thèmes dont on trouverait bien dans les livres saints plusieurs justifications, mais non dans les catalogues de musées beaucoup d'exemples. Il existe bien quelques gravures allemandes du : « Ecoutez : Voici que je me tiens à la porte et que je frappe ! » mais l'*Ombre de la mort* et le *Triomphe des Innocents* n'existent guère que dans l'œuvre de M. Holman Hunt. Le Christ, par exemple, qu'on voit dans l'*Ombre de la mort* est un Christ ouvrier. Sans doute on avait, avant Holman Hunt, représenté Jésus enfant chez son père le charpentier, mais non pas travaillant, ou, s'il travaillait, plutôt en manière de jeu, comme un enfant riche, qui fait des constructions avec des pièces en carton-pâte, ou un Louis XVI qui se délasse du pouvoir en menuisant, que comme un apprenti, attentif à la besogne. Parfois ce jeu amenait de terribles rencontres : l'enfant se blessait les mains, comme chez M. Millais, ou bien, en s'amusant, il fabriquait avec deux morceaux de bois l'instrument de son futur supplice. Mais jamais, ou presque jamais, le Christ n'avait été représenté en ouvrier, à trente ans, maniant la scie et la tarière pour gagner sa vie, dans la poussière et la chaleur étouffante d'une échoppe. Voilà ce qu'Holman Hunt a peint. Son Christ presque nu, les reins ceints d'une ceinture orientale, sur laquelle retombe sa tunique rabattue, a été longtemps courbé sur sa scie. Il se redresse de toute sa hauteur, en aspirant à pleins poumons l'air du soir et en étirant les bras pour se délasser. La lumière, qui le frappe en pleine poitrine, renvoie son ombre se profiler derrière lui sur le mur blanc, où, à hauteur de sa tête, sont suspendus des outils, en ligne, sur une planchette horizontale. En sorte que cette ombre d'un corps nu, les bras dressés, allant s'appliquer justement à une barre transversale qui fait, elle aussi, tache sur le mur, donne exactement l'idée d'un homme pendu à une croix. Si l'on regarde de plus près, l'allusion se précise, car des vis et des limes sont placées à l'endroit du mur où se reflètent les poings. Une scie s'élève en trophée au-dessus de la tête. Un bout d'outil courbe enlace le crâne, comme une couronne. Des éraflures du mur coulent le long de l'ombre comme des gouttes de sang. Entre le Christ et son ombre, la Vierge, vêtue à l'orientale, un genou en terre, nous tournant le dos, ouvre un coffre précieux où, jadis, elle a serré les présents des rois Mages : la couronne de Gaspar, l'encensoir de Melchior, et la myrrhe de Balthasar. Mais voici que sur la paroi, elle a vu l'ombre prophétique, et tout son corps renversé, tassé, atterré, crie son émoi... Ce n'est rien. Dans un instant, les bras du Galiléen vont retomber et reprendre leur besogne, le coffre se refermer sur le passé ; le soleil déclinant aura déplacé toutes les ombres et, dans la tranquille échoppe de Nazareth, on n'entendra plus que le grincement de la scie finissant de diviser cette planche menuisée par un Dieu. Mais peut-être dans les yeux de la mère y aura-t-il une larme, et cette apparition furtive sera-t-elle une de ces choses dont l'Evangile nous dit « qu'elle les gardait toutes dans son cœur. »

Ceci est un tableau nettement réaliste. Certes, il y a là une rencontre d'ombre portée qui s'adapte miraculeusement à la pensée intime, mais qui est, ou qui peut être rigoureusement exacte. Sur ce point, on chercherait vainement à prendre le peintre en défaut. L'effet est franc, concordant, homogène et d'une sûreté de détails qui fait souvent penser à une photographie. De plus, il n'y a pas un élément idéal de glorification : pas un fil d'or, pas une nuée, pas un nimbe. Seulement, l'artiste a forcé la nature à concourir, sans déroger à ses lois, au sens mystique de l'œuvre. Ainsi, derrière le Christ, est une double fenêtre à plein cintre. Par l'une des ouvertures on voit un bout d'olivier, puis les collines de Nazareth et la plaine de Jezréel. Dans le cintre de l'autre, s'inscrit la tête du Christ, en sorte que le ciel, au loin lumineux, aperçu dans ce demi-cercle de pierre, lui fait une auréole naturelle. Nous voyons déjà la lumière du Dieu là où la mère n'a vu que l'ombre du supplicié.

Le *Triomphe des Innocents*, appelé quelquefois aussi la *Fuite en Egypte*, est nettement mystique. Ce n'est pas ce massacre hideux, cette boucherie infantile que les Flamands nous ont fait voir et qui ne sont souvent qu'un prétexte à mollets dodus, à joues rebondies, à mains potelées, tout cela fouetté de sang, du sang nouveau de ces petits êtres encore gorgés de lait. Ce n'est pas non plus cette fuite idéalisée, sans lutte, que les Renaissants nous ont montrée, cette promenade tranquille entre ciel et terre, avec des anges battant de l'aile comme des voiles de navires sous la brise. Ici, la Sainte Famille fuit réellement. Joseph coiffé du turban, les jambes nues, le dos chargé d'un grand cabas, de ses instruments de travail et des souliers qu'il a quittés pour aller plus vite, marche à grandes enjambées, tirant le licou de l'âne, qui porte non seulement la Vierge et l'enfant, mais aussi toutes sortes de provisions, un *fiascone*, etc. Il tourne la tête vers le fond du tableau, vers les collines de Bethléem, où brillent, dans la nuit, les signaux des soldats d'Hérode, lancés à la poursuite des fugitifs. Mais lui seul semble effrayé. La mère juchée sur l'âne paraît heureuse, et l'enfant Jésus sourit en montrant de sa petite main tendue... Quoi donc ? Un spectacle bien singulier. Autour deux, devant, derrière aussi comme une garde d'honneur, comme ces bataillons d'enfants qu'on forme pour les rois au berceau, une multitude de petits bambins de l'âge de Jésus courent, gambadent, en agitant des palmes, des lys, des branches. L'un d'eux fait brûler de l'encens. Presque tous, demi-nus, des bonnets sur leurs têtes, de petites robes flottant sur leurs corps, sont enguirlandés de roses. Tout ce petit monde barbote délicieusement en traversant un ruisseau. Ce cortège fait lever sur l'eau de grosses bulles d'air et à la clarté bleue, surnaturelle, qui entoure leurs têtes, ceint leurs épaules, sertit leurs pieds et leurs mains, des chiens, gardiens d'un moulin qu'on aperçoit au loin dans la campagne, se détournent effrayés et semblent aboyer au perdu... Que sont ces petits bonshommes ? Des chérubins ou bien des petits *amoretti* comme Altdorfer en met de fort indécents, dans un *Repos pendant la fuite en Egypte*, qui est au musée de Berlin, grouillant dans un bassin renaissance, pour que Jésus s'amuse et qu'il leur donne du raisin ? Non. Ce sont de petits bethléemites, des camarades de l'Enfant-Dieu, qui jouaient devant sa porte, qui hier encore étaient pleins de joie, de santé, et ouvraient sur la vie ces grands yeux étonnés et graves qu'ont les tout petits enfants et qui les font ressembler à des explorateurs d'un monde inconnu. Aujourd'hui, le couteau des soldats d'Hérode les a jetés hors de ce monde. Mais déjà ils sont entrés dans le royaume des cieux. Le dur passage est terminé. Il l'est tout à fait pour ceux qui marchent en avant, brûlant de l'encens, tendant des palmes. Ce sont là des anges. Le deuxième groupe, qui entoure l'âne, est moins conscient de son office divin : il s'amuse. L'un d'eux, tout en marchant, penche la tête sur sa poitrine, remarque, sur sa petite robe, la déchirure faite par le glaive qui l'a tué, et s'étonne peut-être de ne plus retrouver sur son corps glorieux une seule blessure : pour sa logique enfantine, il y a là un problème insoluble et que de vieux théologiens, en effet, seraient fort empêchés d'éclaircir. Enfin, un troisième groupe se compose de trois petits qui arrivent de Bethléem en planant dans l'air et n'ont pas encore rejoint le cortège triomphal. Ils crient, pleurent, fourrent leurs gros poings dans leurs petits yeux, comme s'ils souffraient encore du coup qui les a mis dans l'éternité bienheureuse et s'ils trouvaient que le soldat leur a fait bien mal. L'un d'eux même, accroché au cou de son compagnon, semble ne pas s'être réveillé encore de la torpeur de la mort ; l'auréole qui couronne les autres ne s'est pas encore posée sur lui et flotte à quelque distance de sa tête. Rien de plus poignant, dans toute la peinture religieuse, que ce trio de bébés-martyrs. Et pour bien montrer qu'il ne s'agit pas là d'une simple scène de nursery, parmi les bulles d'air qui s'élèvent du ruisseau, l'une d'elles, énorme, avant de retomber en pluie, nous fait voir dans ses reflets irisés, comme la chose la plus naturelle du monde : le Rêve de Jacob, l'Arbre de vie et l'Adoration des cieux.

La foi robuste qui a inspiré l'ensemble de son œuvre détermine M. Hunt jusque dans le détail de ses accessoires, de sa technique et de sa facture. S'il ne peint que ce qu'il croit, il peint comme il croit, sans défaillance, sans faux-fuyants, avec les minuties d'un entomologiste qui décrit et les scrupules d'une dévote qui se confesse. Ce n'est pas lui qui nous représenterait les Voix, comme Bastien-Lepage, sous la forme de « phantosmes sans os » diaphanes, mêlés à des arbres et à des légumes, en sorte que, si, chrétien, vous voulez penser que ce sont des saintes venues du ciel, vous le pouvez ; mais si, libre penseur, vous voulez vous imaginer que c'est une illusion des yeux, un éblouissement causé par le jeûne et le soleil dans ce brillant « val des couleurs », vous le pouvez aussi. Avec Hunt, il n'est pas de choix possible entre un ange et une fumée. Les angelets nettement dessinés, laborieusement modelés, ont une réalité objective qui vous accule à la foi ou à la négation. C'est l'application rigoureuse du lier précepte de Ruskin, que « la première qualité du pré-raphaélisme consiste à essayer de concevoir les choses comme elles sont, de les penser et de les sentir jusqu'au bout, de croire joyeusement si nous le pouvons, de douter bravement si nous le devons, mais de ne jamais mystifier, ou reculer, ou nous excuser devant tel ou tel fait, car les personnages peuvent être spirituels, mais ils sont individuels : saint Georges lui-même, non l'idée vague de courage ; sainte Cécile elle-même, non le simple pouvoir de la musique. Et quoique spirituelle, il n'y a pas un essai quelconque, tenté par cette école, d'indiquer la nature immortelle par quelque évanescence ou obscurité de l'aspect. Tous les fantômes transparents, les spectres indéfinis, sont les œuvres d'une imagination défaillante. Botticelli, il est vrai, a fait la brise favonienne transparente, mais non pas jamais l'ange Gabriel ! » Cette recherche constante du défini, cette haine de la peinture lâchée qui, selon le mot de Delacroix, est « la peinture d'un lâche », conduit Hunt à charger de détails inutiles ses premiers plans, ses vêtements, ses accessoires et même son modelé. Les Innocents sont plutôt ciselés que peints. Dans son Christ de l'*Ombre de la Mort*, la myologie est exagérée : les muscles découpés comme sur un écorché, les veines gonflées comme sur un congestionné. En même temps, la recherche d'une pose fortement particularisée lui a fait contourner le corps et les jambes de son personnage. — On pourrait répondre que, dans cette attitude anormale et rapide, certains effets peu ordinaires frappent les yeux ; que, par exemple, le bras en s'élevant et en laissant voir le creux de l'aisselle, semble déchirer son enveloppe de muscles, en sorte qu'on voit saillir les deux bords du tissu : en avant le bord axillaire du grand pectoral et en arrière le bord du grand dorsal, que le bras unit pour la vue, lorsqu'il est au repos. On pourrait dire aussi que, dans le mouvement instinctif qu'un ouvrier fait quand il a les muscles fatigués parce qu'il a été longtemps plié sur lui-même, il exécute exactement le contraire du mouvement qui l'a fatigué : il renverse le buste et il se contourne sur les jambes, en prenant des poses anormales pour combattre, par son contraire, la tension normale des muscles trop longtemps subie. Cela est vrai, car il est évident qu'ici le Christ se délasse, s'étire les bras, et non qu'il fait sa prière, comme le veut le vénérable archidiacre Farrar, ne voyant pas qu'alors la pose ne pourrait se justifier. Mais pour exacte qu'elle soit dans le détail, la myologie du Christ n'en est pas moins excessive, précisément parce que trop exacte, ou du moins trop détaillée. C'est une figure d'étude, ce n'est pas une figure de tableau.

La conscience de M. Hunt ne se voit pas seulement à son tour de crayon. Elle a contrôlé le moindre accessoire. La figure du Christ dans son atelier est celle d'un homme de Bethléem, parce qu'on dit que les habitants de ce village ont gardé quelques traits de la maison de David. L'atelier est celui d'un charpentier de Nazareth. Le paysage vu par la fenêtre est pris d'après nature, du village où a vécu Jésus. Il y a dans un coin une cruche en poterie verte contenant de l'eau et des herbes aromatiques pour tenir l'eau fraîche, et cette cruche est nazaréenne : nazaréens aussi le foret, la tarière, le fil à plomb, le mandrin, l'équerre et la scie. Le paysage où il a mis sa *Fuite en Egypte* est une vue prise sur la route de Gaza, à trente milles de Bethléem et à dix de la frontière égyptienne. L'âne qui porte la Vierge est un beau spécimen de la fameuse race de la Mecque, qu'on suppose descendue de la monture de Mahomet. Lorsqu'il peint le Christ parmi les docteurs, ces docteurs ne sont pas des marchands de pastilles du sérail, mais des juifs de marque minutieusement choisis, et chacun représente un type déterminé de l'histoire : ici, Simeon, le fils d'Hillel, sorte d'Hercule ; Bava ben Butah, dont Hérode a fait arracher les yeux : Johanan ben Zakkai, l'auteur des paraboles ; Johathan ben Uzziel, l'auteur du Targum ; puis Zadok, le disciple de Judas le Gaulonite, portant un philactère au front ; puis Dosithai, l'antagoniste d'Hérode ; enfin le rabbin de Jamnia, tous dans des costumes originaux, de même étoile et de même couleur que ceux portés par leurs descendants du plus haut rang. Pour parvenir à une telle exactitude, on n'imagine pas tout ce que Holman Hunt eut d'obstacles à surmonter. En 1854, lorsqu'il commença cette longue carrière, les juifs refusèrent de poser pour le peintre chrétien. Les rabbins, craignant qu'on ne pût envoûter ou baptiser leur image, publièrent une excommunication contre tous ceux qui entreraient chez lui. Chassé de Jérusalem. Hunt se retira sur les bords de la Mer-Morte, où il emmena un pauvre bouc qu'il fit poser sur le rivage de sel, et là, sous le soleil ardent réfléchi par ce lac de plomb, dans une contrée livrée aux botes et aux pillards de toute espèce, tenant un fusil d'une main et un pinceau de l'autre, le peintre de l'Evangile passa de longues heures délicieuses à reproduire le Bouc émissaire. On était à l'époque de la guerre franco-russe : « Tandis que les hauteurs de la Crimée, dit Ruskin, étaient blanches de tentes de guerre et que la plus cruelle passion des nations européennes brûlait en hautes flammes funéraires sur leurs morts innombrables, une paisible tente anglaise était plantée sur les bonis d'une mer sans voiles, et toute l'énergie d'un cœur anglais se consumait à peindre un malheureux bouc, expirant sur une plage de sel. La campagne environnante est stagnante et pestilentielle, empoisonnée par les plantes pourries que le Jourdain roule dans ses flots. Les ossements des bêtes qui sont mortes sur le rivage gisent comme des épaves, décharnés par les vautours et blanchis par le limon salé. C'est là que le jeune peintre anglais pose son chevalet et poursuit son œuvre, avec patience, pendant de longs mois de solitude, peignant, pierre à pierre, les montagnes empourprées de Moab et, grain à grain, les pâles cendres de Gomorrhe. »

La patience est un des traits de Hunt. Son *Triomphe des Innocents* ne lui coûta pas moins de dix années de travail, constamment interrompues par des accidents, la perte de ses bagages, la maladie. Il ne fallut, rien moins que son idée d'apostolat pour le soutenir dans de si longues épreuves. Quand on raconte toutes ses tribulations, il semble qu'on dise une de ces légendes du moyen âge, où le diable, peint sur une fresque, pour se venger d'un *fra* qui lui octroie de trop vilaines couleurs, s'avise de le pousser hors de l'échafaudage : le saint homme va périr si la Vierge, aussi peinte sur le mur, ne lui tendait la main… Holman Hunt finit par croire que c'était en effet le diable qui luttait ainsi contre lui. Dans une lettre datée de Warwick Gardens Kensington, 5 janvier 1880, il raconte comment cette lutte se termina. « J'étais le jour de Noël à travailler dans mon atelier, parce que j'avais imaginé un plan nouveau pour remédier à mon canevas de toile tressée. Quand j'arrivai, il faisait si noir qu'il me fut impossible de rien faire, sinon avec une bougie que je tenais dans ma main avec ma palette. Je travaillai ainsi à partir de onze heures, et, tout en besognant, je remarquai la tranquillité inaccoutumée de toute la maison et je l'expliquai par ce fait que tous les artistes étaient avec leurs familles et leurs amis. Je me trouvais seul ici, dans ce groupe d'ateliers, amené par cette lutte terrible et hasardeuse avec le démon qui, une année auparavant, m'avait conduit aux portes de la mort et je puis dire au-delà, pendant mon délire. Durant bien des jours et bien des nuits, jusqu'après minuit, dans mon grand atelier de Jérusalem, je m'étais tenu ainsi avec une chandelle, espérant d'heure en heure mater le diable, et, le jour suivant, j'avais tout trouvé de nouveau en désordre, comme si j'avais vainement combattu la destinée. Le plan que j'essayai en cette matinée de Noël, je n'y avais jamais songé avant cette semaine, mais il pouvait arriver que, lui aussi, il échouât. Comme je gémissais en pensant à mes tribulations, tout en calculant le résultat que je pourrais obtenir par une nouvelle préparation de la toile, je parvins peu à peu à cette conviction qu'elle me promettait quelque chose de mieux et je rassemblai toutes mes énergies pour avancer mon travail de façon à voir ce qu'il allait en advenir. Je me reculai pour regarder mon tableau ; je sentis que je réussirais enfin et je m'écriai : « Je crois que j'ai vaincu le diable ! » lorsque toute la maison fut secouée par une convulsion qui semblait partir exactement de derrière mon chevalet, comme si une grande créature s'élançait et courait entre moi et la porte. J'appelai : « Qu'y a-t-il ? » mais il n'y eut pas de réponse et le bruit cessa. Je regardai autour de moi : il était entre une heure et demie et deux heures et le jour était parfaitement semblable à la nuit, seulement plus sombre, car d'ordinaire les lampes dans le square se montraient après le coucher du soleil, tandis qu'en ce moment le brouillard cachait tout... » A partir de cet étrange Noël, des jours meilleurs devaient luire pour le peintre. Sur une nouvelle toile, le *Triomphe des Innocents* fut enfin terminé : peut-rire le diable a-t-il encore laissé sa trace à la couleur, qui est chez Holman Hunt au-dessous de tout le reste, mais la composition est d'une extrême harmonie, et le dessin a des délicatesses exquises.

Pour se reposer des luttes qui ont accompagné sa vie, Holman Hunt se remet maintenant aux légendes qui ont charmé sa jeunesse. Voici trente-sept ans qu'il a dessiné le tableau qui est sur son chevalet aujourd'hui : la *Dame de Shalott*. Le sujet en est toujours aussi cher aux Anglais que le jour où Tennyson le mit en vers, car, cette année encore, M. Waterhouse exposait à l'Académie royale une dame de Shalott. Quiconque a lu Tennyson connaît cette histoire : Dans les environs du château fort de Camelot, séjour du roi Arthur et de ses chevaliers de la Table Ronde, Lancelot, Gauvain et les autres, en amont de la rivière qui passe à Camelot, est une petite île parmi les lys, qui porte le nom de Shalott. Une dame recluse dans sa tour, belle et gracieuse, y habite : « Là, elle tisse nuit et jour — Une toile magique avec de gaies couleurs. — Elle a entendu un chuchotement qui disait : — Une malédiction est sur elle si elle s'arrête — Pour regarder vers Camelot. — Elle ne sait pas ce que cette malédiction peut être, — Et elle tisse sans cesse, — Et elle n'a pas d'autre souci, — La dame de Shalott ; — Et, passant à travers son clair miroir, — Qui pend devant elle toute l'année, — Des reflets du monde apparaissent. — C'est là qu'elle voit la route qui va — En serpentant vers Camelot ; — Là, les remous de la rivière tourbillonnent ; — là, les rustres du village avec leurs mines heureuses, — Là, les manteaux rouges des filles qui vont au marché, — passent devant Shalott. » La dame n'a pas d'amant, et tout son bonheur est de tisser sur sa tapisserie ce qu'elle voit se refléter dans son miroir. Mais voici qu'un jour passe un beau cavalier, Lancelot, qui chante : *Tirra lira* ! La recluse ne peut plus y tenir : « Elle laisse la tapisserie, elle laisse le métier, — Elle fait trois pas à travers la chambre : — Elle vit alors les nénuphars s'épanouir, — Elle vit le haume et la plume ; — Et elle regarda vers Camelot. —

La toile s'envola et flotta dans l'espace, — Le miroir se fendit d'un bout à l'autre. — La malédiction est sur moi ! — s'écria la dame de Shalott… » Puis le poème raconte sa mort lamentable dans une barque qui va, à la dérive, jusque sous les murs de Camelot.

Telle est la dernière œuvre à laquelle Holman Hunt donne son cœur. En face, le *Triomphe des Innocents*, puis, çà et là, des études faites à Jérusalem, à Bethléem. La carrière commencée là-bas, sous l'ombre fine des oliviers séculaires, s'achève ici, à une demi-heure de Londres, dans une maison bâtie par le peintre, parmi les vieux amis, les admirateurs de Keats et du roi Arthur. Entre la Légende et la Foi, entre la *Dame de Shalott* et *Notre-Dame*, le vieil artiste travaille heureux, car il tient les deux grands désirs de sa vie comme accomplis : le pré-raphaélisme est vainqueur, et le Christ est ressuscité. Il n'attend rien de plus, ni le baronetage, ni l'élection à la Royal Academy. Il ne donne pas de somptueuses réceptions, comme les peintres à la mode, ni ne voit s'arrêter à sa porte les brillants équipages de Piccadilly. Il a d'autres et de plus profondes joies. Il y a quelques années, il reçut une lettre de son vieil ami William Bell Scott lui disant que dans la paroisse éloignée du Ayrshire, en Ecosse, où il habitait, il a entendu parler d'un tableau du maître dans des circonstances bien curieuses. Dans ce pays-là, le pasteur fait un sermon annuel en plein air, au milieu même du cimetière, entourant les ruines de l'ancienne église. Un des villageois apporte quelques chaises pour les personnages de marque, et les autres, — vieux fermiers ou bergers, avec leurs chiens et leurs fillettes endimanchées, — s'assoient ou se tiennent, par groupes, dans l'herbe ou sur les tombes. C'était le soir, et le soleil descendant derrière les collines d'Arran, jetait sa chaude lueur sur les vieux murs ruinés qui servaient de fond à la tête nue du pasteur. Celui-ci prit comme texte ces paroles : « Ecoutez ! voici que je me tiens à la porte et que je frappe ! » et les fit suivre d'une minutieuse description du tableau : *La Lumière du Monde*. Rien du symbolisme de Hunt ne lui avait échappé, et chacune de ses paroles était écoutée sans qu'un souffle interrompît le silence de la foule… Le vieux Scott, quoique nullement croyant lui-même, resta ému de cette scène et la décrivit aussitôt au peintre. — Pour l'homme qu'est Holman Hunt, voilà la récompense. Savoir que l'œuvre où l'on a mis de son temps, de sa force et de sa pensée, de sa vie, en un mot, n'a pas seulement procuré vingt-cinq mille francs de rente au spéculateur qui l'a achetée, mais a aussi pénétré les âmes assez pour que, trente ans plus tard, les bergers du Ayrshire en aient emporté un souvenir et un réconfort ; sentir que la figure qu'on a créée n'est pas restée un objet de luxe, sous une vitrine, à l'usage d'un riche, avec défense d'y toucher, mais a passé dans la vie même de la partie la plus humble de la nation ; — voilà qui vaut toutes les gloires du monde et peut-être les surpasse toutes. Puis Holman Hunt est heureux, parce qu'il a consciencieusement mis ses croyances à l'épreuve du doute et qu'elles ont résisté. Il a fait comme la Dame de Shalott : il a regardé vers Camelot, mais il ne lui est pas arrivé la même terrible aventure. Rien ne s'est déchiré des toiles qu'il peint avec amour, pas plus que ne s'est brisé le miroir où se reflète pour lui le monde. Et depuis qu'il a regardé vers le château défendu, vers la négation de toutes ses croyances, de toutes ses espérances et de toutes ses tendresses, il travaille avec plus de force encore, avec le sourire de ceux très rares qui ont voulu voir de près ce qu'ils ont aimé et qui ont aimé ce qu'ils ont vu.

III. — L'ART ACADÉMIQUE. — SIR FREDERICK LEIGHTON

Sir Frederick Leighton est officiellement le représentant de la peinture anglaise devant le continent, et, en réalité, le représentant de la peinture continentale en Angleterre. Nul parmi les maîtres d'outre-Manche n'est plus considérable, ni moins spécialement anglais. Président de la Royal Academy, décorateur du musée national de Kensington, directeur des écoles officielles, orateur des distributions de récompenses, cet Anglais de race apparaît, à première vue, dans ses grandes œuvres, comme un second Overbeck, et dans ses tableaux de chevalet, comme un premier M. Bouguereau. Il a visité tous les pays, fréquenté toutes les écoles, appris toutes les langues, reproduit tous les styles, essayé de presque tous les arts. A l'âge où nos futurs artistes enrichissent encore de caricatures leurs manuels de baccalauréat, il avait déjà étudié à Rome, à Dresde, à Berlin, à Francfort, à Florence, « parcourant l'Europe avant la vie », et l'esthétique avant le goût, qui permet de distinguer et de se fixer. Plus tard, il a visité les ruines du Colisée avec Robert Browning, les rives du Nil avec M. de Lesseps, les vieux châteaux allemands avec Steinle, les salons de Paris avec Decamps et Ary Scheffer, travaillant partout, s'imprégnant toujours, de soleil à Damas, de brouillard à Francfort, peignant des mers désolées en Irlande, des rochers dans la vallée de Josaphat, des orangers en Andalousie, des oliviers en Italie, et remplissant ses malles comme son imagination de tout ce qu'il voyait de meilleur, de plus beau, de plus pur. Revenu à Londres, dans la force de l'âge, il a déballé toutes ses trouvailles. Sa somptueuse habitation de Holland Park Road est le temple de l'Eclectisme. On y voit une salle arabe avec une fontaine jaillissante au milieu, et, à côté, on y trouve des vases grecs en noir et rouge et des moulages du Parthénon ; les majoliques persanes y alternent avec les vieilles chaises arabes garnies de miroirs, et, çà et là, un bronze florentin vous accueille, ou bien un paon empaillé. On doute si l'on est chez un sculpteur ou chez un peintre. A chaque instant on rencontre une statue. Outre que M. Leighton en a exposé de grandes, — comme l'*Athlète* luttant contre un serpent, ou le *Fainéant* qui s'étire, — il modèle constamment des statuettes pour mieux étudier les raccourcis qu'il met dans ses tableaux. Ses admirations offrent le même mélange : aux places d'honneur, sont des portraits de Tintoret et des paysages de Corot, des études de Reynolds et des ébauches de Delacroix, une nymphe de Watts et des dessins de Steinle, une *Iris* de Paris Bordone et une *Flagellation* de Sébastien del Piombo ; puis tout à coup, une inscription du Koran. C'est un Panthéon avec des autels à toutes les formes d'art, à tous les dieux de l'esthétique, et l'on cherche machinalement des yeux s'il n'y a pas encore un autel vide, dédié « au Dieu inconnu ».

Au premier abord, M. Leighton ressemble à sa maison. Génie facile, caractère accommodant, praticien assimilateur, il est ouvert à toutes les esthétiques. C'est le modèle des présidents. Homme du monde impeccable, il sait faire coexister en bonne intelligence autour de lui, et dans son œuvre même, une foule d'idées diverses et même contradictoires, avec cette largeur d'esprit que beaucoup de gens ne puisent que dans leur profonde indifférence des choses d'art. Mais allez un peu plus avant dans l'examen de ses conceptions et de son style. Ne vous arrêtez pas à son *Odalisque au cygne* ni à *l'Amour donnant à manger aux colombes*, qu'on attribuerait volontiers à M. Bouguereau, ni même à ses fresques semi-circulaires du Musée de Kensington : les *Arts de la guerre* et les *Arts de la paix*. Prenez l'ensemble de son œuvre : comparez-la à nos œuvres françaises, et ce qui est britannique en M. Leighton, quoique bien voilé par son éclectisme, transparaîtra encore. D'abord, quel est de nos jours le Français qui ira, dans l'Evangile, choisir le sujet tout psychologique des *Vierges sages* et des *Vierges folles* ? Quel est celui qui, méditant de décorer le Panthéon, prendrait comme M. Leighton ce texte de l'Apocalypse : « Et la mer rendit les morts qui étaient en elle, » projet de médaillon pour l'église de Saint-Paul. Ce que M. Leighton découvre dans la mythologie est tout aussi inattendu. Quel Français moderne s'aviserait de représenter Hercule se battant avec la Mort pour lui enlever le corps d'Alceste, ou bien encore Cymon apercevant pour la première fois Iphigénie, qui dort sur une fontaine ?

Ensuite l'assiette des figures et la draperie, si elles n'ont pas, chez le président de la Royal Academy, la même originalité qu'on note chez Burne-Jones, Rossetti ou Madox Brown, n'en sont pas moins très éloignées de ce que donne naturellement le modèle d'atelier. Le groupe des *Vierges folles* dans la fresque de l'église de Lyndhurst, offre un parti pris de similitude dans les expressions, de parallélisme dans les plis, que nous trouvons rarement dans l'école française. Les *Fils de Rizpah* aussi. Quand M. Leighton aborde le parallélisme des lignes, il le fait, intrépidement. Dans son *Electre à la tombe d'Agamemnon*, les plis de la calyptre tombent droit, du col aux pieds, auprès d'une colonne dorique aux cannelures droites, en avant d'un laurier droit. Et puisque nous étudions les plis, disons tout de suite que ce sont eux qui donnent aux figures académiques de M. Leighton, — à son *Andromède*, à son *Andromaque captive*, à ses *Hespérides*, — leur caractère distinctif et britannique. Nues, les femmes des tableaux de M. Leighton sont françaises ; drapées, elles sont anglaises. Car les Anglais, depuis Madox Brown jusqu'à M. Burne-Jones, et depuis M. Watts jusqu'à M. Leighton, en passant par M. Albert Moore, se forment un idéal de la draperie qui leur est tout particulier. Pour eux, la draperie la mieux disposée est celle qui fait le plus de plis. Ils sont ravis quand d'innombrables ourlets se suspendent en guirlandes autour des épaules, cernent les seins, ligottent le torse, les hanches, coulent à terre et bouillonnent autour des pieds de la déesse. Ruskin dit quelque part, dans ses *Matinées florentines*, que la recherche du plissage et la minutie de son rendu sont toujours le signe de l'idéalisme, du mysticisme, et à l'appui de cette opinion, il cite les plis des canéphores du Parthénon, et les surplis de nos prêtres, tandis que le drapé large, par grandes masses, se remarque chez Titien, chez les artistes moins préoccupés de l'âme que du corps. Faudrait-il donc voir dans le plissage de la draperie anglaise un signe de mysticisme ? Non, mais Ruskin a prononcé un mot qui nous met sur la voie. Les marbres d'Elgin, canéphores ou Lapithes, Dieux ou Parques, qui sont au *British Museum*, n'ont point passé déjà soixante-quinze ans à Londres sans influencer profondément les artistes anglais. Les publicistes comme M. Harrison, qui voudraient les rendre à la Grèce et racontent volontiers tout ce que l'Europe perd à ne pas les acquérir, oublient de dire tout ce que leurs compatriotes ont gagné à les posséder. Outre que beaucoup les copient, un très grand nombre s'en inspirent et on en trouve des reproductions dans tous les ateliers. C'est devant eux que se sont formés la plupart des grands artistes d'aujourd'hui. Or le sculpteur grec. — Phidias si l'on veut, — a minutieusement creusé de plis les tuniques de ses déesses, des Parques surtout, ou des jeunes Athéniennes, opposant constamment la complication des étoffes à la simplicité des chairs, l'analyse du drapé à la synthèse du nu. Très frappés par ce procédé, MM. Watts, Leighton et bien d'autres l'ont transporté à la peinture. Ainsi les Grecs, prisonniers comme autrefois, enseignent encore leurs vainqueurs. Lorsqu'on se trouve aux *Uffizi* de Florence, dans la salle des portraits d'artistes peints par eux-mêmes, on voit la superbe tête blonde et bouclée du président de la Royal Academy, dominant un somptueux manteau rouge à chaîne d'or, se détacher sur un morceau des bas-reliefs du Parthénon. Ce portrait est un symbole. Au fond de toute la peinture académique anglaise, comme au fond du portrait de son Président, on voit vaguement passer les cavaliers de Phidias.

La composition de M. Leighton se ressent parfois un peu de sa formation à l'école allemande de Steinle, chez ces Nazaréens de Francfort où il a appris son métier d'artiste, après avoir appris son métier de peintre à Florence. Ainsi, dans les figures de ses deux fresques du musée de Kensington, les *Arts de la guerre* et les *Arts de la paix*, admirablement combinées, réparties et balancées, il y a çà et là un peu d'encombrement, de légères surcharges. Ainsi dans les *Arts de la guerre*, deux chevaliers, examinant des épées qu'on vient de forger, font exactement le même geste, dans la même attitude, exprimant la même idée : c'est un pléonasme. A gauche, entre un chevalier qu'on habille et un autre auquel on met ses éperons, il y a tout un groupe de second plan, qui alourdit inutilement la composition. Mais dans ses figures isolées, la sobriété de l'art britannique reparaît aussitôt et sa noblesse aussi. De toutes ses forces, M. Leighton tend vers le style ; il a exposé, cette année, une figure de poétesse assise sur un rocher alpestre, la nuit, entourée de pics neigeux, vêtue elle-même d'une robe qui semble un morceau de ces neiges éternelles accumulées sur les sommets de la terre et remontant vers le ciel d'où elles sont sorties. Il a appelé cela : l'*Esprit des sommets*, il eût pu l'appeler : l'*Esprit de ma peinture*. Car dans tout son œuvre, si vous trouvez bien des inspirations diverses et nombre de sujets différents, vous ne trouvez pas une seule idée basse ou simplement sensuelle, un seul appel aux appétits, un seul amusement du pinceau. Vous ne trouverez pas davantage une figure faite de pratique, au hasard, sans une recherche d'attitude, sans une définition soigneuse du geste. Des sujets qui élèvent la pensée vers les sommets de la vie ou de l'histoire, de sorte qu'on ne puisse se rappeler un nez ou une jambe sans se souvenir de quelque haute leçon évangélique, ou du moins de quelque grande nécessité sociale, voilà ce que M. Leighton a traité. De plus, ce n'est jamais l'agitation et l'horreur des scènes guerrières que le président va exhumer des annales des peuples, comme le font volontiers nos grands peintres d'histoire : ce sont des scènes qui expriment l'union, la concordera communion de tous les esprits tendus vers le même but. Ce sont les minutes où tous les cœurs d'un peuple battent à l'unisson : la *Madone* de Cimabue portée en triomphe dans les rues de Florence, ou les *Daphnéphores*. Si notre histoire était du passé et que M. Leighton voulût la peindre, ce ne serait pas les *Jacques* comme M. Rochegrosse, ou la *Prise de la Bastille* comme M. Flameng, qu'il choisirait : ce serait quelque solennité nationale, par exemple cette cérémonie étrange, unique, où l'on a vu dans la chapelle des Invalides, les représentants de tous les partis et de tous les peuples, ennemis de la veille et adversaires du lendemain, réunis sous les drapeaux conquis sur eux tous, et confondus dans un même hommage pour un maréchal de France qui les avait tous combattus. — La grandeur de la communion humaine, la noblesse de la paix, tel est le thème qui a le plus souvent et le mieux inspiré M. Leighton. Et cela, il ne l'a pas trouvé en France, ni ailleurs. C'est bien une idée anglaise. Il n'a pas rapporté ce culte de ses nombreux voyages, dans sa valise, pêle-mêle avec ses émaux persans. Nous cherchions tout à l'heure dans son atelier l'autel au Dieu inconnu. Le voilà, le Dieu inconnu, et c'est lui qui venant à l'artiste, lorsqu'il a mis le pied dans sa patrie, a supplanté tous les autres.

II. — LA PEINTURE D'HISTOIRE. — LE GENRE. — LE PORTRAIT. — LA LÉGENDE

IV. LA PEINTURE D'HISTOIRE. — M. ALMA TADEMA

M. Alma Tadema, le plus connu des peintres anglais parmi nous, n'est pas un Anglais, mais un Hollandais et un Frison. Il a vu, dans son enfance, les femmes de Leeuwarden aller au marché avec les robes brillantes, les splendides *fers* d'argent et les voiles qui ne sont plus guère portés aujourd'hui que par des figures de cire, dans des musées. Il a passé sa jeunesse à Anvers, puis à Bruxelles. C'est à Anvers qu'il a appris la peinture sous le baron Wappers ; c'est à Bruxelles qu'il a peint toute sa série de scènes mérovingiennes et un bon nombre de ses scènes romaines. M. Alma Tadema n'habite Londres que depuis 1870, mais son art est anglais, bien anglais par toutes les intentions de sa donnée, par tous les artifices de sa composition.

Sa donnée, on la connaît : c'est la reconstitution la plus exacte possible de la vie antique. Ce Hollandais, dont le nom sonne un peu comme une fin de vers latin, ne peint pas n'importe qui, ni n'importe quoi. Il ne peint que les maîtres du monde, et, en deçà de deux siècles après Jésus-Christ, il se désintéresse de la façon dont le monde peut aller. Il suit dans son jardin Tarquin le Superbe fauchant de son sceptre les pavots ; il attend une audience d'Agrippa, mêlé à la foule des solliciteurs ; il hue Claude se cachant derrière un rideau et rit de plaisir au défilé des Bacchantes. Rien ne vient le tirer de cette contemplation rétrospective où il vit depuis trente ans. Non seulement toutes ses lectures, non seulement toutes ses recherches, toutes ses pensées le ramènent à la cité antique ; mais, pour qu'il lui fût impossible d'en sortir, il s'est bâti, aux environs de Londres, une maison romaine où son rêve est devenu réalité. Dès le jardin qui l'entoure et le portique qui y conduit, avant d'avoir mis le pied sur le seuil ou un SALVE de mosaïque vous invite, on se sent dépaysé et trop vieux de dix-huit cents ans. Comment faire ouvrir cette lourde porte de bois ? Aucune sonnette, aucun marteau n'apparaît ; seul un masque de cuivre, une face hideuse de comédie, grimace sur la porte. Mieux avisé, vous saisissez cette figure et vous en meurtrissez le panneau qui s'ouvre enfin avec un long écho. Voici les murs épais, les revêtements de marbre, les escaliers brillants d'une maison antique. Voici l'atrium avec ses colonnes, la serre avec ses palmiers et, dans un coin, l'autel avec les offrandes aux dieux lares. Voici l'atelier avec son grand dôme, ses colonnes doriques, et l'on peut se croire chez Antistius Labéon, un jour où le proconsul a laissé là les affaires pour peindre. On écoute l'eau des vasques chuchoter des airs qu'elle chuchotait déjà au temps d'Ovide ; on regarde briller les mêmes fleurs qui brillaient à Caprée. On oublie Covent Garden, le Derby, la crise agricole, Madagascar, et la dernière inauguration du Prince de Galles. L'artiste alors apparaît pleinement ce qu'il est : un peintre de genre, un reporter habile et sensitif, qui décrit ce qu'il a vu, raconte ce qu'il a entendu, hier, aujourd'hui, dans la foule des affranchis ou à la table des sénateurs. L'autre matin, il a aperçu quelques gracieuses jeunes filles, avec des fleurs, se ranger autour de l'escalier d'or qui descend de son atelier pour une cérémonie, une bénédiction : il les a peintes, et a envoyé cela à la *New Gallery*. Vous l'étonneriez beaucoup en lui disant qu'il ne peint pas son temps et son pays : il n'en connaît pas d'autres. Cela de l'archéologie, fi donc ! Mais c'est de la vie courante. Ce n'est plus la Rome de David ou du Poussin, les cérémonies publiques, les actions d'éclat, les grands événements qui bouleversent le monde autour des rostres retentis-sans. Nous avons ici la Rome de l'intimité, la Rome telle qu'on la voit dans les lettres de Cicéron à Atticus, dans Térence et dans Plaute. Pour notre époque, lasse des grands traits de l'histoire et affamée d'anecdotes, voilà le côté le plus intéressant, parce que c'est le plus semblable à nous. La politique a changé, la guerre a changé, les institutions se sont cent fois modifiées, mais l'homme est resté le même. Que nous fait aujourd'hui un document de plus sur la bataille de Cannes ou sur le meurtre de Jules César ? Mais de savoir comment l'on aimait « lorsque le monde était jeune », comment l'on jouait, comment l'on causait sous les oliviers en suivant des yeux la « vague blanchissante d'écume », cela nous attire, nous amuse et, sans nous forcer à tirer une morale, nous instruit. Dans ces figures de l'ancienne Rome, où les classiques ne nous avaient jamais montré que des patriotes surhumains, que des combattants héroïques, portant, pour toute défense, sur leur nudité majestueuse, un casque et un baudrier, M. Alma Tadema nous montre des êtres semblables à nous, faibles comme nous, pires plutôt que meilleurs, se préservant eux aussi des intempéries des saisons ; et l'on est tout charmé de rencontrer des hommes là où l'on avait accoutumé de ne voir que des statues. En même temps, l'on a bien, devant ces toiles, l'impression de l'antiquité comme jamais on ne l'avait eue. Non seulement, ces anciens paraissent plus vivants, mais ils paraissent aussi plus anciens ; et cet Empire dont David fut le Corneille, M. Alma Tadema nous fait l'effet de l'avoir mieux ressuscité en se bornant à en être le Sardou.

Ce n'est pas qu'à de certains moments l'anecdote ne touche l'histoire et qu'à force de fouiller, de creuser, de pratiquer des jours dans ces substructions du monde moderne, l'artiste ne soit parvenu jusqu'aux larges galeries où un flot de lumière éclaire tout un siècle de débris et un peuple de cendres. Par exemple, son *Ave Cæsar ! Io Saturnalia !* est une des plus prodigieuses exhumations dont l'art nous donne l'exemple. On connaît le sujet. Caligula vient d'être assassiné. Les conjurés victorieux se sont répandus jusqu'au fond du palais qu'ils ont semé de cadavres. Cette foule aux pieds nus renverse les meubles, souille les tapisseries aux fines fleurs, s'amuse à faire la souveraine, c'est-à-dire à tuer et à piller. Les femmes emportent des objets précieux, roulés dans leurs manteaux. Arrivé dans un réduit, un des soldats, qui marche en avant, déploie le rideau dans lequel se cachait Claude, l'oncle de l'empereur mort. Il s'incline profondément, un peu comme un homme saoul, mal assis sur ses jambes, et le salue du cri : *Ave Cæsar !* Le vieil empereur, cependant, blême de peur, honteux d'être découvert, stupéfait d'être acclamé, se rejette en arrière, tâchant de se faire un voile du morceau de rideau qu'il roule en sa main crispée. Dans cette minute décisive, « grosse d'un siècle », où se joue le sort du monde, il atermoie, se demandant si ces vivats ne sont pas une dérision sanglante, s'il est temps de se montrer, et, terrifié par l'ironique acclamation de ses partisans autant que par la pensée de ses adversaires, devant l'Empire qui se dresse, inerte il demeure, se cache, et s'effondre toujours dans sa tapisserie. Pendant ce temps, la foule répète ce cri que nous avons tous entendu à de certaines heures de vertige : *Ave Cæsar ! Io Saturnalia !* ravie de faire un empereur après avoir déchaîné l'anarchie, se ruant à la servitude comme elle s'est ruée au massacre, et, après avoir foulé aux pieds le chef qu'elle devait craindre, pressée de mettre sur les autels un dieu qu'elle pourra mépriser. Enfin, au milieu de la scène, dominant toutes les têtes vivantes, sur un cippe, le buste impassible, en marbre, d'un vrai César, tourné vers un tableau qui représente un combat en mer et, sous ce tableau, ce seul mot, cette antithèse : *Actium*.

Commentai. Alma Tadema produit-il cette impression si forte, si savoureuse, si particulière de vie antique, qui n'est qu'à lui ? On a l'habitude de dire que c'est grâce à son archéologie. Celle-ci est en effet merveilleuse. Non seulement ce peintre a la culture la plus raffinée des lettres anciennes, des médailles et des bronzes, des fresques et des statuettes, mais il a le flair du chasseur. Quand il ne sait pas, il devine. Ainsi dans sa peinture égyptienne de la *Mort du nouveau-né*, il a placé aux pieds du mort une parure de fleurs qu'il a supposée pharaonique, et, dix ans plus tard, on a trouvé exactement cette même parure dans des tombes royales déterrées à Derel-Bachri. Mais ce n'est là qu'un petit côté du problème. On dit l'archéologie de M. Lecomte du Nouy aussi très sûre, et cependant ses tableaux sont loin de nous donner une impression analogue à celle des restitutions de son confrère anglais. Ce qui fait le charme tout particulier de l'œuvre de M. Alma Tadema, ce n'est point son archéologie, mais son caractère réaliste et pour ainsi dire photographique appliqué à des sujets qui ne sont plus de la réalité depuis trente générations, et qui ne furent jamais du domaine de la photographie. Il est très difficile de dire ce qu'un contemporain d'Hadrien, s'il revenait à la vie, penserait des échappées d'antiquité qu'on aperçoit à *Grove end road*. Mais si le bonheur voulait qu'il n'y eût pas là des inexactitudes trop flagrantes, il aurait une sensation de réalité que certainement aucun tableau de Timomaque ou de Dorothée ne lui avait jamais donnée. L'impression neuve et piquante qu'on a devant les toiles de M. Alma Tadema ne tient donc pas seulement à ce qu'il a meublé de bibelots authentiques les chambres vides où David faisait mouvoir ses Romains. Elle tient surtout à sa façon de composer, et cela est si vrai qu'il suffirait d'ordonner un de ses tableaux à la façon de David ou de Couture, pour que la saveur en disparût totalement, alors qu'on conserverait les mêmes données archéologiques. L'ordonnance de M. Alma Tadema consiste à éviter toute ordonnance apparente.

C'est, dirait-on, l'objectif braqué sur un coin de la vie antique et saisissant au hasard tout ce qui tient dans les limites du cliché. Peu importe qu'au bas de la toile, une tête apparaisse dont on ne voit pas le corps, qu'une poitrine soit coupée longitudinalement par le milieu, qu'une main se tende sans qu'on sache si son possesseur est un homme ou une femme. L'impression de vie prise sur le fait n'en est que mieux rendue. Voyez son *Hadrien en Angleterre*, une visite aux poteries anglo-romaines. On dirait un dessin du *Graphie* ou de l'*Illustration* pour accompagner le compte rendu d'une visite princière. Si l'on habillait l'empereur d'une redingote, les dames qui l'accompagnent à la mode de 1894, — il n'y aurait pas grand'chose à changer, — les ouvriers de blouses, et si l'on donnait le tout pour une visite du chef de l'Etat aux poteries de Vallauris, personne n'aurait l'idée d'une composition historique. Faites la même chose avec un tableau de David et, en dépit des costumes modernes, l'idée d'une composition, d'une solennité antique subsistera toujours.

Cette impression de procès-verbal, d'*instantané*, ne va pas sans des défauts de composition. M. Alma Tadema ne l'obtient qu'en brisant toute l'ordonnance classique, en désarticulant tout le groupement synthétique sur lequel a reposé la composition des maîtres. Au lieu de ramasser l'effet, il le divise ; au lieu de conjoindre les lignes, il les disperse ; et l'attention, avec elles, s'en va dans tous les coins. On ne sait pas où est le tableau… Dans son *Ave Cæsar* ! il y en a trois, dont deux au moins vivent de leur vie propre, sans avoir besoin de leurs voisins pour les expliquer. On peut couper la toile d'abord à la ligne du chambranle où s'appuie le buste de l'empereur, ensuite, selon une ligne perpendiculaire tombant de la main du soldat qui lève son bouclier. On obtient ainsi trois groupes homogènes : — à l'extrémité droite, le groupe du soldat et de Claude, l'un saluant l'autre. Appelez ce morceau : Ave Cæsar ! envoyez-le au Salon, et personne n'en demandera davantage : nul n'aura l'idée que ce n'est qu'un tronçon d'une tragédie en trois actes. — Au milieu, on a le groupe des personnages tués au pied du buste de César. Cela fait un second tableau. — Enfin, à gauche, le groupe des soldats et des femmes criant, n'empiétant pas d'un pouce sur le second tableau, ne se reliant à lui et au premier que par la pensée du spectateur qui en saisit les rapports. Cette disposition est caractéristique du talent de M. Alma Tadema. Dans sa Fête du Vin, dans sa Route du

Temple, dans son Hadrien, dans sa Bénédiction, on la retrouve. Ici un groupe, là un autre, plus loin un personnage isolé ; tout cela indépendant, vivant de sa vie propre, ne se rejoignant par aucun trait, ni ne s'exigeant par aucun besoin d'équilibre. On peut morceler l'œuvre un peu au hasard sans lui faire de mal ; et on la morcelle en effet, si besoin est, pour les commodités de la vente. Il y a quelque temps, M. Alma Tadema, voyant qu'il ne pouvait trouver acquéreur pour son Hadrien, à cause d'une figure à demi nue qui se trouve sur le premier plan, — le nu étant à peu près proscrit dans l'art anglais : — « Qu'à cela ne tienne ! » s'écria-t-il, et il se mit à découper son tableau en trois, vendant fort bien deux morceaux et gardant le troisième, la figure nue, pour son atelier. Personne ne se douterait que ces morceaux faisaient partie d'un ensemble. Ce détail montre au vif le défaut de composition. Allez donc couper la Mise au Tombeau du Titien, qui est au Louvre ; et dites où passerait la ligne de démarcation qui n'entamerait pas quelque chose d'important, qui ne tuerait pas l'œuvre ?

Cependant on se tromperait, si l'on croyait que M. Alma Tadema se rapproche de nos modernistes français chez qui l'on ne prend pas garde à la composition, où les figures se répartissent un peu au hasard, d'elles-mêmes, comme la nature ou comme une rencontre d'atelier les a données. Loin de là, ce joyeux Hollandais qui étonne et divertit tout Londres par ses bons mots, ses *conundrums*, par sa bonne physionomie d'habitué des tableaux de Téniers, par sa rondeur joviale de félibre débauchant des quakers, est au fond un grand artificieux. Il l'est, à sa façon, presque autant que M. Burne-Jones, et nul ne saurait dire quelles peines il prend pour échapper à l'ordonnance classique et au point de vue latin. Il a en ce moment sur son chevalet un tableau intitulé *Spring* : une théorie de jeunes filles descendant une rue au milieu de monuments antiques et acclamant le printemps. Sa première esquisse était classique ; il l'a jetée pour tout refaire, en détruisant l'aspect solennel et synthétique du premier jet. Il ne compose pas, il est vrai, mais il dispose très laborieusement ses figures, et cela toujours de façon à donner à son tableau son maximum de force expressive, à le rendre le plus suggestif possible. Ce qui entre dans une toile de M. Alma Tadema, en apparence au hasard, selon le caprice d'un coup de Kodak, ce ne sont pas, comme chez nos modernistes, des morceaux sans expression : un arbre au premier plan, une barrière, un dos, une blouse, des choses qui tiennent de la place sans rien ajouter à la pensée, — mais toujours des parties expressives. Dans son *Hadrien*, ce sont des têtes et des 'mains qui entrent dans le cadre, sans qu'on voie les corps : des têtes parlantes et des mains loquaces. Dans Cache-cache, on ne voit qu'un corps, mais deux têtes. Dans l'*Ave Cæsar* entrent au moins cinq têtes, qui chacune donnent leur note différente, sans qu'on aperçoive les corps qui les supportent. *En descendant à la rivière*, il y a cinq physionomies très expressives, cinq mains également éloquentes, et pas un corps. Remarquez que, pour l'impression que produit une scène, pour les idées qu'elle éveille, les membres, les draperies, les dos sont le plus souvent des impedimenta, du *poids mort* : ils ne disent rien. Les têtes et les mains, au contraire, sont les transmetteurs les plus directs de l'idée du peintre. Or chez M. Alma Tadema, le carré des têtes par rapport au carré total de la toile est plus élevé que chez n'importe quel artiste. Personne n'a moins de poids mort.

L'agencement des personnages est aussi inspiré par le même souci de suggérer des idées, fût-ce au prix de la perfection esthétique de l'ensemble. Que de peines l'artiste ne s'est-il pas données, dans une réplique de son tableau de *Claude*, pour mettre sur la même ligne, à la même hauteur, la série des bustes des empereurs : César, Auguste, Tibère, Caligula, puis la tête effarée de Claude, blotti dans son rideau, afin que le regard, passant de ceux-là à celui-ci, des figures pâles de marbre à la figure pâle de terreur, sentit l'antithèse ! Dans son *Ave Cæsar*, il lui eût suffi, pour unifier la composition, de placer au premier plan un soldat, vu de dos, marchant vers Claude et le montrant du doigt à la foule. Cette unique figure conjoindrait toutes les lignes du centre de la scène. On aurait alors un tableau qu'on ne pourrait morceler sans déséquilibrer tout l'ensemble. Peut-être M. Alma Tadema ne s'en est-il pas avisé ; mais s'en fût-il avisé, que probablement il n'aurait pas donné suite à cette idée. Car une pareille figure attaquerait celle de Claude et gâterait l'effet dû à ces trois régions du tableau : la foule, — le vide, — l'Empereur ! Enfin, de cette dispersion qu'affectionne M. Alma Tadema, suit naturellement la forme allongée, basse, en manière de bas-relief, qu'il donne à ses toiles, et cette forme, qui est celle des frises et des peintures de vases antiques, ne contribue pas peu à évoquer en nous la sensation authentique de la vie romaine. Or cette disposition du bas-relief, ces gestes et ces mouvements empruntés aux peintures de lécythes, vous ne les trouverez presque jamais dans notre Ecole française, pas plus que vous ne trouverez l'abandon des lois de la composition au bénéfice d'une idée. Nos classiques expriment des idées, mais ils composent. Nos réalistes ne composent pas, mais ils n'expriment pas d'idées. M. Alma Tadema, dans sa recherche obstinée — et victorieuse — d'un art personnel et suggestif, se sépare donc bien nettement de nous. Et cela nous fait souvenir que, lorsqu'il vint étudier la peinture à Anvers, âgé de seize ans, c'est sous le baron Wappers qu'il travailla, c'est-à-dire sous le chef d'école le plus opposé à l'influence française. Sous le même maître, longtemps auparavant, avait débuté Madox Brown. — Ainsi, aux deux extrémités de la chaîne, nous retrouvons un point de départ semblable, anti-français. M. Alma Tadema peut être né en Hollande, il peut habiter une maison romaine ; il n'en est pas moins un Anglais ; il porte la marque britannique, et c'est à cela qu'il doit son originalité.

V. — LE GENRE. — SIR JOHN EVERETT MILLAIS

Il y a quelques années, M. Millais se promenait avec un ami dans les jardins de Kensington, lorsque, se trouvant au-delà du petit étang rond, il s'arrêta tout à coup et dit : « Comme c'est extraordinaire, de penser que jadis j'ai péché des épinoches dans cet étang, et que maintenant je me retrouve à ce même endroit un grand homme, et un baronnet, avec un bel hôtel, beaucoup d'argent et tout ce que mon cœur désire. » Et là-dessus il reprit allègrement sa marche.

Ce mot peint M. Millais, et son histoire, et son caractère, et son art même. Car toutes ces choses sont d'un homme heureux. Enfant prodige, à cinq ans, il dessine des officiers de la garnison de Dinan avec une telle maestria que ceux-ci refusent d'y croire. Un pari s'engage, et les incrédules en sont pour un dîner au Champagne. A neuf ans, il est présenté au président de la Royal Academy, le vénérable Archer Shee, qui lui prophétise la conquête d'un royaume de l'Art, et tout de suite il commence à dessiner des bosses… A onze ans, — fait jusqu'alors inouï et dont on n'a pas vu depuis un second exemple, — il entre à l'Académie et, à dix-sept, il expose son premier tableau d'histoire. On est tenté de répéter le mot de Glocester dans Richard III : « Les printemps si précoces n'ont pas de longs étés : » mais John fait mentir le proverbe. Ses parents, enthousiasmés, écartent toutes les difficultés de sa route ; les sommités officielles le considèrent avec bienveillance. Les camarades font la haie et battent des mains. Beau, svelte, le mieux fait du monde, plein de santé, d'entrain, de feu, ressemblant, disait Rossetti, à un ange, la main toujours tendue pour aider les amis, Hunt par exemple, dès leurs premiers pas dans la carrière, — ces premiers pas qui coûtent si cher, — il devient rapidement populaire. A vingt ans, il est déjà une manière de chef d'école dans le pré-raphaélisme, et son *Festin d'Isabelle* lui donne sinon la gloire, du moins la réputation et l'auréole du persécuté. A vingt-trois ans, avec le *Huguenot*, il retourne de fond en comble l'opinion publique. C'est bien la gloire, cette fois-ci, qui étend sur lui sa main protectrice et qui la tiendra au-dessus de sa tête, pendant quarante-cinq ans, infatigablement, comme la muse de Cherubini dans l'extraordinaire tableau de M. Ingres. La gloire avec lui est amoureuse. Les Anglais l'aiment pour son talent, mais aussi pour sa belle figure anglaise, pour son aspect viril, entreprenant, libre, pour son adresse à tous les sports, parce qu'il est bon tireur, bon cavalier et admirable pêcheur de saumons. Avec de telles qualités, il peut tout se permettre. Encore pré-raphaélite, il est acclamé par la foule. Il quitte le pré-raphaélisme pour la peinture d'expression sentimentale : il est suivi par une foule encore plus grande. Il abandonne les sujets expressifs pour le portrait : la foule s'accroît toujours et le porte aux nues. Il peut adopter les théories d'art qu'il voudra, faire banqueroute à toutes ses anciennes opinions, son succès ne diminuera pas. Comme le tyran de Samos, il jetterait son anneau dans la mer qu'il le retrouverait dans le ventre d'un poisson. Portraitiste, il se révèle avec son tableau des filles de M. Armstrong, et Frank Holl et Herkomer ne sont rien auprès de lui. Les plus beaux équipages de Londres stationnent à la porte de *Palace gate*. Les faveurs officielles pleuvent. On le fait baronnet ; s'il y avait un peintre lauréat, c'est lui qui le serait. Et ce n'est pas tout : il connaît aussi les grosses joies de la popularité. Les reproductions de ses peintures font de lui l'hôte et l'ami des plus humbles familles, et ce même homme qui a recueilli les applaudissements de Swinburne, et de Ruskin, de tous les délicats du temps, avec son interprétation d'un conte de Boccace, termine sa carrière en voyant ses *Bulles de savon* se répandre, par les soins d'un savonnier fameux, sur toutes les murailles du Royaume-Uni. Et tout cela, il le sait, il en jouit tout haut ; il le dit sans fausse modestie, avec cette brave et joyeuse franchise qui le faisait s'écrier dans l'atelier du sculpteur Munro, comme on remarquait une marque rouge qu'il avait au-dessus de l'œil : « Bah ! ce sont les taches du soleil ! »

Voyons les taches du soleil. L'homme qui a soulevé en Angleterre un tel enthousiasme est esthétiquement le moins Anglais des artistes de son pays. Le plus populaire des peintres d'outre-Manche est celui qui se rapproche le plus des idées françaises sur l'art. Toute sa carrière qui, historiquement et esthétiquement, pourrait se définir ainsi : *De Ruskin au Pears' Soap* ou *les étapes d'une perversion*, l'éloigné de l'idéal anglais tel qu'on le trouve exposé dans les livres. « Le premier devoir du peintre est de peindre », dit-il, et ce mot est tout à l'ait extraordinaire dans la bouche d'un Anglais. Il dit encore : « Un imbécile peut être un grand artiste. » Il ne choisit pas de sujets spécialement moraux, ne s'astreint pas à la vérité consciencieuse du détail, et professe ouvertement que les coins, les accessoires, les régions extrêmes du tableau, doivent être sacrifiés au centre. De plus, il peint le fait plutôt que l'idée, cherche à plaire aux yeux plutôt qu'à toucher l'âme et s'efforce franchement d'amuser la gentry. Il y réussit, bien que, moins que tout autre, il exprime ce qui est particulier au caractère anglais. Que les partisans de la théorie qui fait de l'art une émanation de la vie, expliquent son succès comme ils le pourront : pour nous, ce sera facile. L'art de M. Millais répond à un goût qui n'est pas plus anglo-saxon que latin ; il répond à un goût qui est commun à certains esprits chez tous les peuples. Il satisfait la masse mondaine, les amateurs de vignettes qui, en entrant au Salon, vont droit à l'histoire sentimentale ou comique et délaissent la pensée esthétique ou l'intention morale. Il charme tout ce qui est superficiel dans l'esprit anglais, connue M. Burne-Jones charmera tout ce que la France contient d'esprits raffinés, lorsqu'on le connaîtra davantage. Et ainsi, il faudra se résoudre à trouver aux préférences esthétiques une autre délimitation que celle des douanes et une autre source que celles de l'atmosphère ou du sol.

Quelles sont donc les traits caractéristiques d'un art si universellement admiré ? D'abord les sujets. M. Millais se dévoue à ces scènes attendrissantes qui firent chez nous la gloire de Paul Delaroche et de M. d'Ennery. Il raconte l'histoire d'un pompier remettant des enfants qu'il a sauvés dans les bras de leur mère, d'une femme de prisonnier venant délivrer son mari en tendant au geôlier l'ordre de levée d'écrou, et il n'oublie pas le chien qui grimpe aux jambes de son maître pour témoigner sa joie. Il montre le *Retour de Crimée* : un officier blessé est assis sur une pelouse avec sa femme et ses enfants ; les enfants s'amusent avec des jouets parmi lesquels on reconnaît un ours, un coq et un lion : vous saisissez le schéma de toute la question d'Orient. Puis on voit défiler tous les couples célèbres qu'attend une tragique aventure : le Huguenot, Effie Deans, Lucie de Lammermoor, le hussard noir de Brunswick. Voici le *Royaliste proscrit*, niché dans un tronc d'arbre et baisant la main de l'amante puritaine qui lui apporte du pain. Voilà un Espagnol déguisé en moine faisant échapper d'une prison sa maîtresse qu'attend un auto da fé. Puis M. Millais s'égaie à un souvenir de famille : *Mon premier sermon* ; à une anecdote historique : l'*Enfance de Raleigh*. Pour se faire pardonner la banalité de tels sujets, il faudrait les traiter avec génie. M. Millais ne les traite pas avec génie. Son imagination n'est ni très vigoureuse ni très étendue. On sent bien qu'il n'a pas beaucoup cherché, mais on souhaiterait qu'il eût cherché davantage, ou que, du moins, il eût trouvé. Toutes les fois qu'il a peint un duo d'amour, il a mis ses deux héros exactement de même, debout, face à face : Le Huguenot, le Hussard de Brunswick, le Maître de Ravenswood, le Chevalier errant, Oui ou non ? Effie Deans, ont la même attitude. Et il ne sauve pas cette uniformité par une grande vigueur de mouvement. Les poses sont justes, les masses bien balancées, les lignes parallèles coupées aux bons endroits, et il n'y a rien à reprendre. Mais il n'y a pas de trouvaille. Pour l'originalité, devant Effie Deans ou Lammermoor, on en est à regretter Paul Delaroche. Ses fonds de pierres ou de verdure égalent, pour le fini, M. Robinet et, pour la vérité de tons, M. Bouguereau. Peints avec le même relief que la figure principale, ils s'avancent au même plan qu'elle et détruisent ainsi toute perspective aérienne. Des compositions comme celle de l'*Enfant aux bulles de savon* ne soulèvent aucune critique positive ;

elles manquent de tout ce qui fait la grandeur d'une œuvre d'art et, pour la conception comme pour le sujet, on aimerait autant les poupons que M. Millier nous montrait jadis remplissant de crème la montre de leur papa. C'est le « Genre » dans toute sa vanité sotte et triomphante, le genre, c'est-à-dire le singe de la grande peinture et le parvenu du morceau, qui se croit plus vivant que l'Académie et plus noble que l'étude, qui jalouse l'une, dédaigne l'autre, et reste au-dessous de toutes les deux. Le « Genre », cette bourgeoisie de l'art, telle est le premier trait caractéristique de M. Millais.

Le second, c'est la précision. Une fois qu'il a composé son portrait ou sa scène de genre, il dessine le geste du modèle avec précision et sobriété. Ses personnages historiques et légendaires ont toujours l'air si simple, si défini, si ressemblant, qu'on dirait des gens qui entrent chez vous. Ce sont des portraits en effet. La plupart de ces tragiques amoureux ont été peints d'après des gens du monde, des parents, ou des amis complaisants. Ainsi son fameux Huguenot représente le général Lemprière ; la jeune femme du hussard noir de Brunswick est le portrait de la seconde fille de Charles Dickens, plus tard Mme Perugini ; Millais a peint ses propres fils dans l'*Enfance de Raleigh* ; dans le célèbre *Passage du Nord-Ouest*, la tête du vieux marin est celle de Trelawney, l'intrépide explorateur. Ces morceaux sont généralement bien peints, d'une couleur éclatante qui ne va pas jusqu'à être vibrante, et d'une harmonie relative qui n'atteint pourtant pas la finesse. — D'ailleurs, à mesure que dans l'œuvre de M. Millais on se rapproche du portrait, on découvre le meilleur de son tempérament et de sa palette. Sa composition, si banale lorsqu'elle s'étend à des sujets d'histoire ou de genre, devient intéressante, et presque originale lorsqu'elle se restreint à un portrait. Les *Œufs frais*, qui ne sont que le portrait de sa charmante fille, en costume Pompadour, venant chercher des œufs dans le poulailler, nous offrent une ordonnance excellente. Mieux encore, dans le portrait des filles de M. Armstrong, réunies à une table de whist sous un immense bouquet d'azalées, il y a une science d'arrangement qu'il faut admirer sans réserves. Tout dans ce tableau, jusqu'au titre un peu précieux : *Les cœurs sont l'atout* ! ajoute au charme de ces trois figures, vues l'une de face, les autres de profil et de trois quarts. Son portrait du garde de la Tour de Londres est presque un chef-d'œuvre. Son modelé est pénible, mais il est. Ses harmonies sont criardes, mais elles s'arrêtent au point où elles ne seraient plus. M. Millais a une théorie à lui, pour excuser ses couleurs trop éclatantes : il dit que tels étaient les tons des tableaux de maîtres que nous admirons aujourd'hui, on les voyant atténués par ces deux autres grands maîtres qu'on nomme le Temps et le Vernis. Sans examiner pour l'instant cette hypothèse, on peut pardonner au peintre du *Garde de la Tour* ses violences lorsqu'elles se fondent en harmonie.

Des trois manières de M. Millais, — la manière pré-raphaélite appliquée à des scènes d'histoire, la manière romantique appliquée au genre, enfin le portrait, — c'est donc ce dernier qui l'a le plus heureusement inspiré. Mais ce ne sont pas ses portraits, ce sont ses scènes de genre qui ont fait sa vogue. Et c'est pourquoi, quand on évoque l'ensemble de son œuvre et qu'on veut le définir, sir John Everett Millais apparaît un librettiste de la peinture. Comme les librettistes d'opéra, il ne crée par ses sujets : il les choisit déjà très connus et un peu ressassés. Comme eux, il les exprime dans une langue intelligible et retentissante ; comme eux aussi, il ne déploie pas de telles facultés d'invention qu'on puisse dire qu'il les renouvelle, ni une telle maîtrise de formes qu'on puisse dire qu'il les enrichit ; comme eux enfin, il recueille les applaudissements des loges et des parterres, sans qu'on sache bien au juste à qui ils s'adressent, au sujet ou à l'auteur, à l'histoire ou à l'historien, au livret ou à la musique.

VI. — LE PORTRAIT. — M. HERKOMER

M. Herkomer est le grand portraitiste du Royaume-Uni. Il a peint aussi des scènes de mœurs, des paysages de la Bavière, mais c'est le portrait qui le met hors de pair et lui donne une place parmi les maîtres anglais. Frank Holl y a obtenu de grands succès ; Millais y a été aussi heureux que dans tout ce qu'il a entrepris. Mais peut-être que pour approfondir une physionomie britannique, pour y démêler tout ce que le Créateur y a mis d'amour-propre et de ténacité, de passion froide et d'emportement sanguin, de mâle noblesse et de puérile respectabilité, il fallait de nos jours encore un étranger, un Allemand, comme aux jours de Henri VIII. Comme Holbein, M. Herkomer vient d'Allemagne ; mais son entrée a été moins pompeuse : ce n'est pas dans la force de l'âge, dans la plénitude du talent, avec des lettres de recommandation pour le chancelier, que le membre actuel de la Royal Academy, le maître des cent cinquante peintres de l'école de Bushey, le châtelain de Lululund, est entré à Londres. Lorsqu'en mai 1857 un ménage d'ouvriers bavarois débarquait sur la côte anglaise, menant par la main un délicat enfant de huit ans, personne n'eût pu croire à une telle fortune. Cette famille avait fui le pays natal, — Waal près de Landsberg-sur-Lech, — ruinée par la révolution de 1848, et avait émigré en Amérique. Là, malgré toute l'industrie du père, un menuisier, un de ces ouvriers artistes, énergiques, intelligents, rangés ; malgré les efforts de la mère, musicienne d'instinct et d'éducation, l'on n'avait pu que vivre, et il fallait non seulement vivre, mais assurer la carrière de l'enfant. Bien d'autres se seraient découragés, accusant le destin plus fort qu'eux. Mais ce vieil Allemand, à la tête carrée, au cœur chaud, ne connaissait pas ces sophismes qui dispensent de l'effort, en exagérant l'obstacle, et vous invitent à pleurer sur des ruines, tandis que passent devant vous, sur la route, des matériaux d'avenir. Il reprit le paquebot et vint tenter la chance en Angleterre, disant obstinément : « Mon fils sera un peintre ! » Le mauvais destin se lassa, les événements cédèrent. Son fils devint un peintre, un grand peintre, comme il l'avait voulu. Sa vie devait être encore bien traversée d'épreuves, mais du moins les vaillants parents qui lui avaient fait plus douce la route devaient jouir de ses premiers pas. Et aujourd'hui qu'ils ne sont plus, on voit sur les bords du Lech, près de Landsberg, en Bavière, une haute tour gothique s'élever au milieu des arbres : c'est la tour construite par le fils en mémoire de la mère ; et dans le château de Lululund, près de Londres, la grande tour du milieu porte aussi le nom de « Mother's tower ». C'est ainsi que l'artiste, par un symbolisme bien germanique, a réuni ses deux patries, — celle de la naissance et celle de la gloire, — en leur faisant porter à toutes les deux le même souvenir filial.

Le portrait, comme l'entend M. Herkomer, ne procède nullement du vieux portrait anglais, tel que Reynolds et Gainsborough l'ont compris, tel qu'on a pu le voir cet été à la galerie Sedlmeyer, tel enfin que M. Jacques Blanche essaie chez nous de le ressusciter. Il ne s'étale point parmi un déploiement de riches accessoires ;

il ne s'enlève pas sur des rameaux qui verdoient, ou une bataille qui rougeoie. C'est sur un fond nu que M. Herkomer place son personnage ; fond idéal, comme on n'en a jamais vu nulle part, pas plus qu'on n'a vu ceux de MM. Bonnat ou Carolus Duran. Quelquefois ce fond est un mur, mur blanchâtre, où la tête projette une ombre. Aucune fantaisie coûteuse, aucun bibelot inutile, aucune couleur chatoyante qui attaque celle de la figure. Aussi la figure se détache-t-elle, saute-t-elle aux yeux du premier coup et s'impose-t-elle à l'attention. Toutefois, elle n'apparaît pas seule. M. Herkomer ne se désintéresse pas du reste de son personnage jusqu'à confier à un tailleur le soin d'en dessiner le vêtement, ou à un valet d'atelier la mission de nettoyer ses pinceaux au bas de la toile, avec l'espoir que cela fera une robe pour les yeux complaisants qui le regarderont de loin. Dans un portrait de M. Herkomer, tout joue son rôle : les bras, bien développés, pèsent sur le dossier ou se tendent vers le genou ; les mains se lient l'une à l'autre comme dans *Miss Grant*, ou retombent avec lassitude comme dans *Entrée en mélancolie*. Le buste ordinairement un peu renversé, la poitrine bien cambrée, la taille flexible, les épaules fortement attachées, le cou à sa place, les draperies descendant dans le cadre, sont cherchés avec le même soin que la tête. Dans les deux portraits que nous venons de citer, qu'on a pu voir à l'Exposition de 1889 et qu'on a l'habitude d'intituler la *Dame en noir*, la *Dame en blanc*, la pose est à la fois naturelle et savante. Il y a en elle la force et le laisser aller de la vie, la solidité d'une charpente déterminée et la mollesse d'une détente des muscles au repos, la dignité de ce qui demeure et le charme de ce qui passe : ce sont des mouvements qui font honneur au corps humain.

La couleur de M. Herkomer vaut son ordonnance : elle est d'une modération relative. Ce n'est plus là ce sombre éclat que le peintre a d'abord imité de son maître Frederick Walker ; c'est encore moins l'intransigeance et le pointillisme de Watts, et ce n'est pas du tout le lustrage pénible de Millais : c'est une couleur quasi française, presque fine et harmonieuse, par touches assez larges et simples, également répandue surtout l'ensemble, sans heurt, sans cri, sans accès. Aucun effet n'est cherché dans une opposition facile. Dans la *Dame en blanc*, d'un blanc un peu sale, la robe s'enlève en blanc sur blanc, par la seule différence d'un ton rigoureusement observé.

Les figures n'ont pas un extrême relief. Les effets qu'on obtient par des dessous travaillés et séchés, puis repeints plus largement, manquent, d'ordinaire, chez M. Herkomer, de même que la transparence passagère due à la fluidité des couleurs. La raison en est que M. Herkomer a longtemps considéré qu'un tableau à l'huile devait ressembler le plus possible à une fresque ; qu'aucune substruction de couleurs ne devait précéder le ton définitif, et qu'en fait de couleurs, les plus sèches étaient les meilleures. Ceci l'a conduit à peindre son fameux tableau *la Dernière Revue* sur une toile blanche et avec des substances tellement sèches qu'il a fallu ensuite y revenir, couvrir le tableau d'enduits parasites, par devant et par derrière, afin d'empêcher un décollage complet. Il est bien curieux d'observer que ce Bavarois, venu longtemps après la révolution pré-raphaélite et formé sous un maître qui n'y avait pris aucune part, se retrouve imbu de la théorie anglaise sur la couleur, à ce point qu'on croirait entendre parler Hunt, Watts ou Rossetti.

Mais ce n'est point par là seulement que M. Herkomer se sépare de l'école continentale et se rattache à l'Angleterre : c'est surtout par l'expression intense, l'intimité profonde et la particularité individualiste qu'il donne à ses figures. Dans les deux ou trois tableaux de genre qui ont fait sa vogue, il a poussé ces qualités à un point qu'elles atteignent rarement chez nous. On exposait cette année, au *Guildhall, sa Dernière Revue*, qui est de 1874. D'autre part, on peut voir dans une salle de Kensington son tableau de la *Chapelle de la Charterhouse.* — Dans le premier, on voit les invalides de Chelsea, assis en ligne sur les bancs de leur chapelle, dans leurs habits rouges, assistant à l'office : c'est leur dernière revue. — Dans l'autre, ce sont les pensionnaires d'une maison de retraite, occupée par de vieux gentlemen ruinés, réunis aussi pour un office religieux. — Au point de vue psychologique, c'est au fond le même sujet : là, comme ici, ce sont des vieillards, les survivants d'une lutte pénible, qui ont trouvé enfin l'abri, le repos, le pain assuré, et qui songent au passé, si brillant parfois, sachant bien qu'il n'y a plus rien pour eux à regarder dans l'avenir qu'une route sûre et monotone qui conduit au terme où nous arrivons tous. C'est toujours la pensée du *Harbour of Refuge* peint par le maître de M. Herkomer, Frederick Walker, et qu'on peut voir à la Galerie nationale, dans la salle des Turner, où elle a été offerte par M. Th.

Agnew. Le *Port de Refuge*, c'est un asile de vieillards : un jardin empourpré par les dernières splendeurs du couchant, un perron vermoulu où chemine une vieille qui retient sa vie encore quelque temps, soutenue par une jeune fille ; là-bas, d'autres pauvres hospitalisés, puis les bâtiments couverts de lierre, bien vieux eux aussi, et qui se sont ouverts devant cette existence branlante,

Comme un port en ruine à la barque en détresse ;

et ici, dans cette prairie, un jeune faucheur, un gaillard robuste, qui se hâte d'abattre le plus de foin qu'il pourra avant la nuit, image saisissante de la grande faucheuse d'hommes qui, elle non plus, dans cette maison de vieillards, ne se repose jamais...

Au point de vue esthétique, les deux sujets de M. Herkomer diffèrent complètement l'un de l'autre. Dans la *Dernière Revue*, le problème était de donner aux figures du relief sur ces uniformes éclatants ; dans la *Chapelle de la Charterhouse*, d'empêcher qu'elles ne ressortent trop sur ces manteaux noirs. M. Horkomer y est parvenu. Et il y est parvenu, en partie à cause de cet intérêt individuel, profond, passionné, qu'il a su donner à chaque physionomie, en sorte qu'on dirait autant de portraits, autant de vies différentes, autant de drames intérieurs, inconnus, qui cherchent par toutes les lueurs des yeux, par tous les sourires contraints des bouches, par la gravité des rides, par les contractions broussailleuses des sourcils, à se raconter. Dans la *Dernière Revue*, un incident, introduit sans bruit, sans éclat, rompt la monotonie de ces longues files de têtes attentives à l'office. Au premier coup d'œil, on n'y prend pas garde ; au second, on s'aperçoit qu'un des invalides assis au second rang baisse la tête et laisse sa main inerte, à demi ouverte sur ses genoux, comme s'il était sans souffle, et que son voisin, un vieillard comme lui, lui tâte le bras, comme pour s'assurer si ce bras est vivant, si son camarade n'a pas trépassé... Le reste de la foule ne prend aucune part à l'incident. Mais il y a dans cette figure une acuité d'observation, une recherche de pensée, qui se trouvent bien rarement chez nous.

On oublierait un des traits, et le plus distinctif, de M. Herkomer, si l'on ne voyait en lui que le peintre. Il est aussi professeur, directeur d'Ecole, fondateur de colonie esthétique et architecte ; il est imprésario, décorateur, acteur, musicien, machiniste. En

1883, un gentleman de Bushey, petit village situé à 15 milles de Londres, voulait faire donner des leçons de peinture à un pupille qu'il avait. Il appela M. Herkomer. Celui-ci vint s'établir à Bushey et, le bruit de ses leçons s'étant répandu, on vit accourir une foule de jeunes artistes qui en voulaient profiter. Aujourd'hui, ils sont cent cinquante, hommes et femmes, et comme l'école elle-même no pourrait leur suffire, car c'est une simple *nursery of art*, une ville nouvelle est sortie de terre. Plus de cinquante ateliers se sont groupés autour de l'atelier de M. Herkomer. Tous acceptent sa direction ou sollicitent ses conseils. Le dimanche, il donne audience à ce peuple libre d'artistes dans le palais de Lululund qu'il s'est construit. Ce château représente le travail de toute une famille ; son père a fait les boiseries, son oncle, qui est en Amérique, les tentures, et lui-même le plan et la décoration peinte. Lululund est bâti solidement en style roman, avec des murs énormes, qui seront encore là dans dix siècles si l'on n'y touche pas. Professeur à Oxford, M. Herkomer a exposé en chaire les principes qu'il a ainsi appliqués de ses mains, sur la pierre, la toile ou le bois. Pour amuser toute sa colonie d'artistes, il a bâti un théâtre où il a prodigué les ressources de son multiple génie. D'abord, l'illusion pittoresque est poussée aussi loin que possible : ainsi le sol, au lieu d'être fait de planches plates et nues comme à l'Opéra, est sculpté en forme de pavés. Il n'y a pas de lumière de rampe éclairant le dessous des figures. La lune de Bushey, surtout, a une réputation méritée : une boîte ronde garnie de trois lampes électriques, d'une lentille réfléchissante et d'un papier transparent sur lequel sont peintes les montagnes lunaires, monte lentement, grâce à un ingénieux mécanisme, dans un firmament de gaze. Sur ce théâtre, on joue des drames en musique où figurent M. et Mme Herkomer au milieu des élèves du grand artiste. Ces drames s'appellent : la *Sorcière*, la *Revanche du Temps*, *Filippo*, qui n'est autre chose que le *Luthier de Crémone*, de Coppée. Le goût de l'art dramatique est de famille chez les Herkomer : la mère de l'artiste était bonne musicienne ; son père, le menuisier, a joué le rôle de Ponce-Pilate dans la *Passion* représentée en 1849 à Waal, avec plus de naïveté encore qu'à Oberammergau, et lui-même, il compte bien remplir celui de Judas, si l'on donne encore ce spectacle dans sa ville natale. Ainsi c'est lui qui compose les pièces, écrit la musique, brosse les décors, endosse le travesti et monte sur la scène. Devant cet ensemble d'aptitudes et cette exubérance de gestes esthétiques, on croit voir revivre la figure étrange de Salvator Rosa. On croit voir aussi un de ces maîtres du moyen âge, tantôt maçon, tantôt sculpteur, ne dédaignant aucune besogne, ne repoussant aucun outil. Ce fils d'un ouvrier artiste tient à rester un artiste ouvrier. Et tout ce mouvement d'union des arts et des métiers, *Arts and Crafts*, qui, nous le verrons plus loin, est la gloire de l'Angleterre moderne, M. Herkomer en est la plus vivante et la plus originale expression.

VII. — LA LÉGENDE. — SIR EDWARD BURNE-JONES

Sir Edward Burne-Jones est dans son atelier. Il a traversé pour y venir un long jardin moitié prairie, moitié verger, vert comme la pelouse de Mériaugis et touffu comme la forêt de Brocéliande. Tout est bien clos. Aucun fâcheux ne pourra le surprendre. L'orgue qui occupe le fond du hall est muet. Les ébauches qui pendent aux murs n'offrent que des tons très gris et ne peuvent distraire les yeux. Au dehors, les gouttes d'une pluie fine, la pluie de Londres, tapotent les feuilles, les unes après les autres, comme des doigts invisibles qui se promèneraient sur un clavier silencieux. Sir Edward ne travaille pas, il lit. Il fit un livre aimé, toujours le même, depuis trente ans, et absorbé dans la méditation que lui procure sa lecture, il conspire vaguement, idéalement contre tout l'ordre de choses établi en Angleterre. Est-ce donc quelque discours de M. Gladstone ou une diatribe socialiste de son ami William Morris ? C'est bien autre chose : c'est l'histoire du roi Arthur.

Il y a environ quatorze cents ans que les Anglais et les Saxons, montés sur leurs longues barques, envahissaient la Grande-Bretagne et balayaient les restes de la domination romaine. Quelques victoires de plus et ils s'établissaient en maîtres dans l'île. Pour leur résister, un homme se leva, dont l'histoire ne dit rien, mais que la légende a fait si grand qu'il faut béni rie silence de l'histoire. Cet homme n'était pas né prince. Un jour que le trône des Bretons était vacant et qu'on cherchait vainement à s'accorder pour donner un successeur au roi défunt, on vit, au sortir de la cathédrale de Caerléon, un perron de marbre nouvellement construit et sur ce perron une enclume d'acier, et dans cette enclume, une épée enfoncée avec cette inscription : » Celui qui me retirera, de par Jésus-Christ roi sera. » Tous les chevaliers s'y essayèrent, aucun ne réussit. Un enfant, qu'un vieillard obscur avait amené de la forêt, retira aisément l'épée, et l'archevêque le couronna aux acclamations du menu peuple. Ce fut le roi Arthur, et l'épée merveilleuse eut nom Escalibor. En vain les barons voulurent discuter sa naissance : il la prouva haute par ses exploits. Il délivra Leodogran, roi de Caméliard, des païens qui l'assiégeaient et des bêtes féroces qui venaient, jusque dans sa capitale, ravir les petits enfants à leurs mères, et, en retour, il obtint la fille du roi, la belle Guinevere, en mariage. Il mena les Bretons au combat et repoussa l'envahisseur dans douze rencontres fameuses où « le ciel fut voilé par la poussière et la terre par le sang. » Il était accompagné par un vieux barde, fils d'un diable et d'une Bretonne, magicien par son père et chrétien par sa mère, qui apparaissait dans tous les moments difficiles où l'on avait besoin d'un conseil ou d'une prophétie. Ce barde s'appelait Merlin, il savait tout, pouvait prendre toutes sortes de formes ; il enflammait les courages par ses prédictions et, l'heure de la lutte arrivée, jetait des enchantements terribles sur l'ennemi. A sa voix, les gens de l'Ecosse, de la Cornouailles, de la Cambrie, du pays de Galles, de la Bretagne française ou Armorique, tous les Bretons en un mot, tous les Celtes, accoururent se ranger sous la bannière en forme de dragon du roi Arthur en criant : « Notre nation se relèvera et chassera les Saxons ! » Non seulement Arthur chassa les Saxons, mais il conquit successivement le Danemark, la Norvège, la France, et fit reculer les Maures. Ce fut une espèce de Charlemagne breton. Il favorisa l'ordre fameux des chevaliers de la Table Ronde, tous égaux entre eux, tous ne formant qu'un seul cœur, tous preux éprouvés, consciences d'or, muscles d'acier, dont l'habit était fait de quatre étoffes : « le courage, la richesse, l'adresse et la courtoisie. » Ces chevaliers, Lancelot, Gauvain, Ivain, Keu, Tristan, neveu du roi Mark, Perceval chevalier du Graal, Ider, Bedivere, Galahad, Modred et bien d'autres, réunis à la cour du roi Arthur, à Camelot, étonnaient le monde par leurs exploits. Toutes les fois qu'ils entendaient parler d'une dame à protéger, d'un géant à humilier, d'une guivre ou d'un dragon à décapiter, d'une gageure extraordinaire à tenir, l'un d'eux partait et lorsqu'il revenait vainqueur, c'étaient des fêtes et des tournois sans fin.

Un jour, tandis qu'ils étaient réunis dans une salle, à Camelot, un grand bruit ébranla les voûtes, une vive lueur éblouit les yeux, et le Graal, cette coupe où but Jésus à la Sainte-Cène, et qui fut rapportée en Angleterre par Joseph d'Arimathie, passa comme un éclair. Tous les chevaliers jurèrent de le revoir. Vainement le roi les supplia-t-il de ne pas l'abandonner dans sa vieillesse. « O mes chevaliers, quand vos places seront vides à mes côtés, s'il s'élève quelques plaintes dans mon royaume, elles resteront sans écho, tandis que vous serez à courir après des feux errants ! » Ils partirent à la *Queste du Graal*, et, au bout d'un an, trois seulement revinrent exaucés, ayant pu joindre l'objet de leurs désirs. Les autres avaient suivi des « flammes errantes. » L'ordre fameux était décimé. Le déclin du règne commençait : cette expédition du Graal avait été son 1812. Alors la trahison se glissa parmi les preux de la Table Ronde. Lancelot, le plus vaillant et jusque-là le plus fidèle, fut pour le roi Arthur ce que Tristan était en même temps pour le roi Mark, en Cornouailles, et sans l'excuse du « boire amoureux. » — La reine Guinevere, surprise avec Lancelot, s'enfuit dans un couvent où on la recueille sans la connaître et où elle apprend, par une jeune novice, que tout le royaume est en feu à cause d'elle. Modred a levé l'étendard de la révolte. Lancelot n'est plus là pour défendre le vieux roi. Les Saxons tentent un retour offensif. Il va se livrer un combat suprême. A ce moment, les pas d'un chevalier retentissent sur les dalles du cloître : Guinevere comprend que c'est le roi qui a découvert sa retraite. Elle se jette à terre, le visage caché dans ses cheveux ; elle entend, sans le voir, Arthur lui pardonner et lui dire adieu. Puis les pas s'éloignent… C'en est fait… Sur le champ de bataille de Camblann, la victoire, à son tour infidèle, abandonne les Bretons. Les chevaliers de la Table Ronde tombent un à un, autour du roi qui s'affaisse lui-même, mortellement blessé.

Le peuple ne voulut pas croire à la mort d'Arthur. Le bruit courut qu'une barque mystérieuse l'avait emporté dans l'île d'Avalon, séjour des héros. « Il reviendra ! » disait-on dans les châteaux et dans les chaumières de la Grande et de la Petite Bretagne, courbés sous la domination anglaise ; les druides l'ont dit : « Les héros peuvent naître deux fois. » Les Bretons, repoussés par les Anglo-Saxons, acculés dans cette pointe qui termine l'Angleterre au sud-ouest, ne perdirent jamais l'espoir de voir reparaître le

« vieillard plus blanc que la neige, monté sur un coursier blanc. »
Ils l'attendirent pendant dix siècles, confiants aux prédictions de
Merlin, en dépit des événements qui les démentaient et des Pères
du Concile de Trente qui les condamnaient. Tous les vainqueurs
de la race celtique, toutes les dynasties étrangères entendirent,
l'un après l'autre, résonner à leurs oreilles les terribles accents
prophétiques de l'enchanteur. Devant eux tous, le spectre du roi
Arthur se dressa, cherchant, comme celui de Banquo, à prendre
une place vide au festin du pouvoir. Henri II Plantagenet, comme
Jean sans Terre, Harold, comme Henri VI, luttèrent contre cette
ombre, sans pouvoir la dissiper. Leurs scribes écrivirent, leurs
guerriers combattirent, leurs ménestrels chantèrent en vain. Henri
II alla même jusqu'à déterrer près du monastère de Glastonbury,
dans l'île d'Avalon, un cadavre du soi-disant Arthur et lui fit faire
de magnifiques funérailles, mais les Bretons persistèrent à le croire
vivant. Longtemps après, ils poursuivaient à coups de pierres
les étrangers qui en doutaient. A chaque soulèvement national,
à chaque figure nouvelle d'adversaire des Anglo-Saxons, il leur
semblait que c'était lui qui revenait. Ils crurent le reconnaître dans
ce Guillaume le Conquérant qui arrivait de France, en chantant
la gloire de Charlemagne ; dans ce Prince Rhys qui défit le
Conquérant sur les montagnes de Carno ; dans ce Kadwalader qui
abattit les forteresses normandes, dans ce Lywélin qui, appelant
les Gallois parmi les marécages de la Cambrie, affama les Anglais.
Mais tous ces chefs finirent par succomber, et la tête du dernier,
plantée au haut d'une pique sur la Tour de Londres, épouvanta
les regards bretons... Alors les fidèles regardèrent du côté de la
France : ils saluèrent cet Arthur de Bretagne qui fut élevé dans les
bois par les barons amis, comme le grand Arthur, et qui semblait
bien « le jeune sanglier de guerre » annoncé par Merlin. L'enfant
fut assassiné par Jean sans Terre... Ils attendirent longtemps, puis
de nouveau ils acclamèrent le Revenant dans cet autre Arthur,
duc de Bretagne, le connétable, qui, avec Jeanne d'Arc, écrasa les
Anglais. — Ainsi les prophéties de Merlin passèrent de peuple en
peuple, enflammant les Bretons d'Angleterre contre les Anglo-
Saxons et les Bretons de France contre les Anglais ; en un mot,
les Celtes de partout contre les races conquérantes. Cette légende,
coupée cent fois et cent fois repoussée comme le rosier qui unit

les tombes de Tristan et d'Iseult, n'est pas demeurée le privilège de la Grande-Bretagne. De ce côté-ci comme de l'autre côté de la Manche, on a raillé longtemps « l'espoir breton », c'est-à-dire cette fidélité à une dynastie disparue et à un idéal intangible qui a animé pendant dix siècles les guerriers armoricains, qui anime peut-être encore aujourd'hui les électeurs du Finistère, et qui fit, qu'en 1793, lorsque les chouans marchaient au combat, ce n'était pas le nom de Louis XVII qui retentissait dans leurs chants nationaux, c'était encore et toujours le nom de l'immortel blessé de Camblann, du roi Arthur…

Sir Edward referme son livre et songe à la singulière destinée des légendes… Même aujourd'hui, l'*Espoir breton* n'est pas mort. Il n'est pas plus resté enseveli dans l'ossuaire de Quiberon que dans la chasse de Glastonbury. On voit renaître dans le monde entier de la pensée un courant sympathique au cycle d'Arthur. Ce n'est plus une espérance politique, c'est une opinion esthétique. L'esprit celtique s'est réveillé et s'insurge contre l'esprit teuton. Il ne s'agit plus de chasser hors de l'île les fils des anciens Saxons et des Angles, mais toutes ces figures d'un académisme faux et lourd qui sont jadis venues d'Allemagne, et aussi cette conception aristocratique de l'art qui règne depuis si longtemps dans le Royaume-Uni. La mélancolie, le mystère, la subtile douceur de l'esprit celtique sont revenus à la mode avec le pré-raphaélisme. En même temps, le goût de l'art décoratif, de l'art appliqué aux choses utiles, aux meubles, aux maisons, aux outils de la vie, de l'art démocratique en un mot, remplace le goût exclusif du tableau de chevalet, « friandise réservée aux riches comme le Champagne ou les orchidées. » Le mystère opposé à l'historiette, la libre fantaisie substituée à l'agrément académique, la conception éducatrice et populaire de l'Art succédant à son rôle aristocratique, voilà des produits de l'esprit celtique. Les chefs de ce mouvement, chose bien curieuse à noter, sont des Gallois, des Irlandais, des Ecossais des montagnes, précisément les descendants des vaincus de Camblann. « J'ai vécu moi-même, dit M. Grant Allen, à Oxford, lorsque l'esthétisme était encore un culte ésotérique. Et j'ai remarqué alors que presque chaque partisan du nouvel Évangile était un celte déclaré, un Gallois ou un Highlander, un Irlandais, ou au moins avait une origine celtique. Soyez mes témoins, ô vous des collèges de Christ

Church, de Magdalen, de Brasenore ! » — Voilà au milieu de quels combattants Arthur rentre en maître dans les ateliers. Après Rossetti qui a fait *Lancelot dans la chambre de Guinevère, Lancelot et Guinevère à la tombe d'Arthur*, le *Saint-Graal, Lancelot et la Dame de Shalott*, c'est Burne-Jones lui-même qui peint *Merlin et Viviane*, la *Queste du Graal, Sir Galahad*, le *Sommeil d'Arthur* ; c'est William Morris, Arthur Hughes, Val Prinsep, Spencer Stanhope, presque tous les néo-préraphaélites qui, d'accord avec les poètes Swinburne, Tennyson, ressuscitent la légende. On peut se faire une idée du renouveau de la légende arthurienne là-bas par celui de la légende napoléonienne ici. On a tout prouvé contre l'un et contre l'autre héros : ils renaissent tous les deux à la gloire, et de l'empereur des Français comme du roi des Bretons, on peut dire que, si le peuple ne le croit plus vivant, il regrette parfois, dans les sombres jours, que les druides se soient trompés en disant que « les héros peuvent naître deux fois. » Mais dans sa destinée esthétique, le roi Arthur est plus heureux que l'Empereur. Il est assez loin dans l'histoire pour qu'on ne puisse pas prétendre nous le faire plus vrai en le faisant moins beau. Lorsque Napoléon et ses dix-huit maréchaux se seront enfoncés dans l'ombre fabuleuse où est l'ami de Merlin, il se trouvera peut-être alors un Tennyson qui le montrera attendant tout armé dans l'île d'Avalon, ou dans l'île de Sainte-Hélène, et l'on aura beau faire des exhumations comme Henri II Plantagenet ou comme Louis-Philippe, la figure encore vivante apparaîtra sous les traits idéalisés d'un demi-dieu. Lorsque les temps seront assez reculés pour qu'on puisse grandir les types, changer les costumes et revêtir les preux qui luttèrent à la Moscowa comme ceux qui succombèrent à Camblann, il pourra venir un Burne-Jones et un William Morris, qui, l'un dessinant, l'autre tissant, enchanteront les regards au XXXe siècle par des tapisseries où l'on verra flotter les figures de Ney, de Murat, de Joséphine ou du prince Eugène. Alors l'histoire aura servi à quelque chose, parce qu'elle aura élevé les yeux et la pensée des hommes vers des êtres plus beaux qu'eux, au lieu de les tenir baissés sur des mesquineries ou des laideurs. Et la physionomie de l'Empereur, si longtemps « ballottée entre Marins et César », sera enfin fixée, non pas comme est fixée, par exemple, celle de M. Thiers, mais comme est fixée celle de la Joconde, parce qu'elle aura atteint non pas la vérité, cette beauté de l'histoire qui change toujours, mais la beauté, cette vérité de l'art, qui ne change jamais… L'art de Burne-Jones a fleuri de la semence fournie par Madox Brown et sur la tige cultivée par Rossetti. Comme Rossetti, dès sa prime jeunesse, avait couru à Madox Brown, Burne-Jones à vingt-deux ans courut à Rossetti. Il avait vu de lui quelques dessins illustrant les poésies d'Allingham. Bien que né d'une famille opposée à toute idée d'art, dépourvu, aussi loin qu'on remonte, d'aïeux artistes, élevé dans le milieu le moins esthète du monde : Birmingham, impérieusement destiné à l'Eglise par son éducation, la vue de ce dessin d'*Elfinmere* signé D. G. R. lui fît la même impression que, sept ans avant, la vue d'*Harold* avait faite sur Rossetti. Il ne pensait qu'à cette figure. Dans la cour d'Oxford, il en causait avec son ami William Morris, comme lui étudiant, et comme lui destiné à la cléricature, et ils s'exaltaient tous deux. Un jour, n'y tenant plus, il vint à Londres pour tâcher de voir le maître dont son âme rêvait. Il n'osait aspirer à parler à un tel génie, mais le suivre des yeux, entendre le son de sa voix, lui paraissaient les plus hautes félicités permises à un mortel. Cette félicité lui fut donnée un soir qu'il attendait dans la salle de dessin du collège pour les ouvriers, blotti sous un bec de gaz, et se demandant à chaque nouveau venu qui entrait : « Est-ce lui ? » Le maître enfin parut. Burne-Jones lui fut présenté et admis à faire partie de son cénacle. Là, il eut l'horreur d'entendre des gens, qui n'étaient après tout que des hommes, questionner l'Enchanteur, discuter avec lui, et même, — ô sacrilège ! — le contredire en face. Pour lui, assis dans un coin, ravi dans une silencieuse extase, il contemplait son dieu environné des nuages de fumée que toutes les pipes pré-raphaélites répandaient autour de lui.

Ceci se passait en 1856. Dès lors, Burne-Jones, laissant la théologie se mit à la peinture, sous la direction de Rossetti, qui, tout d'abord, lui fit exclusivement copier des réalités, mais en lui contant ses rêves. Pendant ce temps, son ami William Morris bâtissait des maisons et écrivait des poèmes. Il lui semblait qu'on n'accordait pas dans le monde moderne assez d'attention aux arts de la décoration et du mobilier, à ces *arts mineurs*, comme il les appelle, qui sont pourtant les seuls dont nous jouissions constamment. On ne va pas tous les jours dans un musée, ni tous les soirs à l'Opéra, mais on dort toutes les nuits dans un lit, on lève à chaque instant les yeux sur la tapisserie, sur les meubles qui nous entourent. Ces humbles amis des yeux, ces compagnons incessants du goût, peuvent beaucoup pour l'affiner ou l'encanailler, le développer ou le perdre. Doter l'Angleterre d'une architecture, d'un mobilier esthétiques, tel fut dès le premier jour le but de William Morris, et tel il reste encore aujourd'hui, bien que compliqué par toutes sortes d'intentions socialistes. Papiers peints pour intérieurs modestes, tapisseries pour riches hôtels, vitraux pour églises, tapis, rideaux, garnitures de canapés, de fauteuils, tout le déballage d'un grand magasin d'ameublement est jeté sur le marché de Londres par l'exquis poète du *Paradis terrestre* et des *Nouvelles de nulle part*. Pour faire les dessins de ces tapisseries, il fallait à William Morris un grand artiste : depuis trente-quatre ans, cet artiste est Burne-Jones. Cette collaboration incessante commença dans l'atelier de Rossetti. Dès 1860, Morris faisait construire par l'architecte Philip Web une maison à Upton, près de Bexley, inspirée de ses principes et priait son ami de venir la décorer. L'artiste accepta et, se tournant vers l'Italie, choisit comme sujet les *Noces de Buondelmonte*. Deux ans après, il partit pour cette terre d'Italie dont il devinait si bien le ciel et là, en compagnie de Ruskin, il consulta les maîtres.

Revenu à Londres, il se dégage des imitations, des liens antérieurs, et son style est définitivement fixé. Tel nous le trouvons alors, tel il demeurera jusqu'au bout. Dès ce moment, ses inspirateurs évidents sont Botticelli et Mantegna. Loin d'en faire mystère, il remplit son salon de reproductions de ces deux maîtres, comme Turner aimait à montrer des Claude Lorrain à côté de ses propres toiles. A Botticelli, il emprunte son type de femme, celui que vous pouvez voir dans la fresque des *Noces de Tornabuoni*, dans l'escalier du Louvre : les yeux grands et ronds, les pommettes rendues saillantes par la dépression de tout le bas du visage, un nez légèrement retroussé, la bouche charnue et sensuelle remontée assez près des narines, le menton allongé. A Mantegna, il prend ses types élégants de chevaliers couverts de cuirasses, à tel point qu'en regardant son roi Cophetua en extase devant la mendiante dont il va faire sa reine, on croit revoir le François de Gonzague agenouillé devant la *Vierge de la Victoire* au milieu de la salle des Primitifs, au Louvre. Ainsi, il va hardiment demander aux Florentins le secret de leur grâce corporelle. Il leur prend leurs figures, et, dans ces figures déjà renaissantes, vigoureuses, presque classiques, il insuffle lui, l'homme du Nord, l'esprit fatal, mélancolique et pessimiste de Byron. Il envoûte ces Italiens faits pour le sourire et il les transforme en sombres compagnons de Merlin. Il fait réciter des vers de Swinburne à des statues de Donatello. Ses figures ont déjà des muscles de Renaissants et font encore des gestes de Primitifs. La beauté s'achève déjà, mais ne s'étale pas encore. On dirait qu'elle s'ignore et veut presque se dissimuler. Botticelli pleure, Mantegna a le spleen, Burne-Jones est né.

En effet, regardez sa *Briar Rose*, son *Persée*, sa *Queste du Graal*, son *Saint Georges*. Ses chevaliers s'avancent dans la toile avec des demi-mouvements jolis, mais gauches comme s'ils marchaient sur des pointes d'épées et s'ils avaient peur d'être contaminés par tous les objets qui les entourent. Ils font ordinairement une retraite de corps pour se garer de la chose vers laquelle ils tendent la tête. Ils sont las de leur force, embarrassés de leur taille et quasi honteux de leur beauté. Ils sont bâtis comme des colonnes et ils penchent comme des roseaux. Leur tête trop lourde de songes retombe sur leurs épaules et tout le corps fléchit sous ce poids. On dirait de jeunes dieux timides qui vont pour la première fois dans le monde. Ils ne savent que faire de leurs bras d'athlètes, de leurs poitrines de vainqueurs aux courses olympiques, de leurs jarrets de chasseurs de sangliers. Aucun membre n'est raidi pour un effort ; aucun geste n'est rapide, ni violent. S'ils étreignent, c'est avec lassitude ; s'ils tuent un monstre, c'est à regret. Les muscles sont sains, les épaules droites, bien effacées, les cuirasses sont rigides, mais un mal mystérieux fait chanceler toute cette enveloppe de chair et de fer. On sent leur détachement et leur indifférence pour cette magnifique machine humaine que la Nature a mise à leur disposition. Ce sont des âmes étonnées d'être prises dans des corps.

Cette impression de lassitude exquise et d'élégante gaucherie. de psychologie compliquée un peu pessimiste, Burne-Jones la donne au moyen de plusieurs déviations systématiques de la nature auxquelles il plie ses figures. — D'abord, il les fait de huit têtes et demie, parfois davantage, et, à leur usage, il construit à ses palais des portes d'une hauteur extraordinaire pour leur largeur. — Ayant établi sa figure très longue, il exagère encore cette impression en remontant un peu les hanches, mais comme il veut laisser au buste toute sa souplesse, au lieu de donner la saillie la plus forte des hanches en haut, il l'arrondit et la descend très bas.

— De même, il exagère la largeur des hanches chez la femme par rapport aux épaules et la diminue chez l'homme, en sorte qu'on dirait parfois, dans sa *Roue de la Fortune* notamment, qu'il a voulu illustrer la ridicule théorie d'après laquelle le tronc de l'académie masculine aurait la forme d'un œuf posé sur le petit bout, et le tronc de l'académie féminine, d'un œuf posé sur le gros bout.

— Le personnage une fois bâti, il fait presque toujours porter le poids du corps sur une seule jambe, comme Ingres dans sa *Source*. Cette jambe rigide s'arque en dedans ; sur elle, tout un côté du corps se tasse ; la hanche ressort et remonte, l'épaule s'abaisse, mais l'autre côté du corps se développe souple, onduleux ; l'épaule se relève, la jambe détendue cède, et le genou jaillit légèrement en avant, repoussant le pied derrière le plan. Cette pose se représente à satiété dans les œuvres de Burne-Jones. Puis, pour plus de mollesse encore et plus de légèreté, la jambe dont le genou plie en avant repose sur la pointe du pied, ce qui relève le genou plié au-dessus du genou rigide. Cette affectation est très systématique, car lorsqu'un homme s'appuie naturellement sur une seule jambe, il pose cependant le pied de l'autre pleinement à terre, sans quoi l'attitude deviendrait très fatigante. — Prises ainsi, les figures de Burne-Jones ont toujours l'air de descendre un escalier. Ses anges, seuls, ne descendent pas. Allongés vers le sol, les pieds à quelques centimètres de terre, ils ressemblent à des pendus. Les bras de ses chevaliers ne sont jamais raidis, et l'ondulation, produite par une distension complète des muscles, se prolonge jusqu'au bout des doigts, la main retombant souvent inerte, comme une parure. On ne se les figure pas courant, travaillant, combattant. Son Persée, dans les replis du monstre, a l'air d'un jardinier indolent, qui grimpe à un arbre fruitier, armé d'un sécateur. Cependant le buste ne se courbe pas ; les épaules sont rarement voûtées. C'est la tête qui s'abat douloureusement sur la poitrine, et en même temps que le front se baisse vers la terre, les yeux brillants sous cette arcade regardent vers le ciel, ce qui donne à la figure la plus banale une attitude méditative et passionnée. Le cou est très flexible, comme tout le corps qui ondule perpétuellement. Les draperies suivent cette ondulation ou, plus souvent, s'y opposent. Les plis très nombreux, ordinairement horizontaux, entourent le corps, le lient, le ligotent comme les mille petites ficelles dont les Lilliputiens emprisonnèrent Gulliver. Çà et là des écharpes, agitées par des ouragans chimériques, se déroulent dans l'air. Malgré le charme des détails, on ne peut se dissimuler que Burne-Jones n'atteint l'élégance infinie de ses figures ainsi posées qu'en sacrifiant le grand trait des proportions et le naturel des poses. Et il faut bien que la foule même s'en rende vaguement compte, puisque les tableaux qu'elle considère comme ses chefs-d'œuvre : le *Roi Cophetua*, le *Chant d'Amour*, l'*Amour dans les ruines*, et la *Cour du jardin dans la Briar Rose*, sont justement ceux où il ne se trouve pas une seule figure apparente *debout*.

Ces personnages vivent dans un monde que Burne-Jones leur a créé, enclos de treillis de roses, où les rochers sont des rocailles, où les forêts sont des charmilles, comme lorsque le Paradis ressemblait à un jardin bien tenu dont le propriétaire se serait diverti à accumuler les essences les plus rares, les merveilles les plus coûteuses. Peu ou point de ciel ; le cadre descendant toujours très bas, ne permettant pas au regard de s'enfuir, ni à l'attention de s'égarer, les rabattant tous deux sur la physionomie du personnage, sur la fenêtre de l'âme, sur l'âme elle-même. Les grands ciels ne sont jamais le fait des peintres psychologues. Si Circé se relevait, elle se heurterait la tête au plafond, et cette idée augmente le malaise qu'on éprouve en la voyant courbée en deux, le bras allongé vers le cratère de vin qu'elle offrira aux Grecs, et où elle verse parcimonieusement les gouttes du philtre abhorré. Point ou peu de perspective. Dans l'*Escalier d'or*, les figures placées au bas de cette échelle extraordinaire sont à peine plus grandes que celles qui sont encore sur les marches les plus hautes. Dans l'*Amour parmi les ruines*, les lignes parallèles du portique divergent, en s'éloignant, au lieu de converger. Dans l'*Annonciation*, l'ange Gabriel est à ce point plus grand que la Vierge, qu'il semble que le tableau doive être regardé de haut en bas, mais la descente des lignes fuyantes du portique montre bien que la ligne d'horizon passe aux yeux de la Vierge, et qu'ainsi le premier plan se trouve en bas et non en haut. Dans la construction du temple de Jérusalem, la perspective est sacrifiée de parti pris. — La chronologie n'est pas plus en faveur auprès du peintre. S'il ne prend pas tous ses sujets dans le cycle d'Arthur, il les revêt tous des couleurs de la légende, même son *Annonciation* qui se passe sous des bas-reliefs Renaissance, même son *Adoration des Mages* où un condottiere offre des présents à la victime future de Ponce-Pilate. Ses Grecs parlent comme Chaucer et ses héros bretons se promènent dans un décor du Décameron. On les appellerait volontiers sir Troïlus et lady Cressida. Comme les doux rêves socialistes de son ami William Morris, on pourrait intituler les œuvres de Burne-Jones : *Tableaux de nulle part.*

Chimérique aussi sa couleur, en ce sens que la vérité du ton est ce qui le préoccupe le moins. C'est le brillant du verre poli, le louche éclat du bronze lumineux, la splendeur assourdie du miroir noir. Mais quoique très vive, cette couleur devient parfois harmonieuse. Rien de doux alors comme les reflets d'une rose sur une cuirasse, d'un pied nu sur un pavé de marbre, d'une draperie sur un fond de métal. Rien de plus reposant que cet aspect de vieux vitrail. Malheureusement la facture en est aussi pénible que l'effet harmonieux. On sent un effort continu et répété, un labeur opiniâtre qui sans cesse recommence. Aucun laisser aller, aucune liberté du pinceau. C'est, en apparence, l'alchimie de M. Hébert et parfois de Millet. On ne voudrait pour rien au monde être obligé de copier un tableau de Burne-Jones. Quand tout ce travail n'aboutit pas, on ne sent que la peine, et la facture fatigue l'œil du spectateur autant qu'elle a fatigué la main de l'exécutant. Les pierres ont l'air d'être tissées comme des tapisseries, et les draperies d'être maçonnées comme des murailles. Les étoffes semblent de plomb, les pieds de coton, les fleurs de fer. Beaucoup de tableaux de Burne-Jones sont de l'aquarelle, mais pour se figurer une aquarelle de Burne-Jones, il faut vider ce mot de tout son sens habituel, en chasser toute idée de fraîcheur, de fluidité, de gaieté, de fantaisie, de taches savantes et joyeuses, et d'heureuse réussite, tout souvenir de Turner ou simplement de miss Clara Montalba. L'empâtement le plus compliqué, par petites touches sèches sur d'autres touches séchées, la recherche exclusive du corps, *body*, aux dépens de la vibration, et de la couleur riche au lieu du ton fin, donnent à ces figures l'aspect de statues peintes et vernissées. Elles ne baignent pas dans l'air ; leurs contours ne se fondent pas dans la couleur ambiante ; elles gisent dans le vide d'une cloche pneumatique. Mais quand, malgré tout, les chairs sont parvenues à être solides et les mains à être modelées, on oublie le reste : le labeur de la facture, la convention de la donnée, l'âcreté de la touche, la lourdeur de cette pâte feuilletée. Le portrait de miss Amy Gaskell, exposé cette année à la *New Gallery*, arrachait aux plus obstinés un cri d'admiration. Faux de ton, faux d'effet, épais de facture, mais merveilleusement modelé sous sa blancheur mate, il donnait l'impression d'un beau portrait de M. Hébert : on maudit la manière, on s'incline devant le résultat.

Dessinées souvent par à peu près, toujours peintes avec lourdeur, les figures de Burne-Jones sont, en revanche, admirablement posées. La composition, si on la restreint à l'agencement des lignes, l'ordre et le mouvement qu'on met dans les contours, n'a peut-être pas aujourd'hui en Europe un maître égal à ce maître. Non qu'il sache ordonner de grands ensembles : le *Festin de Pelée*, le *Miroir de Vénus*, offrent un intérêt trop divisé pour être puissant. Même l'*Escalier d'or* contient plusieurs figures qui ne sont que des redites et dont l'absence ne nuirait nullement à l'ensemble. Mais ses figures isolées, comme cette Espérance qu'il montre debout dans une prison, une main tenant, une tige fleurie, l'autre perdue dans un nuage, mettant ainsi un peu d'elle-même hors des barreaux de fer de la vie, ou bien encore cette *Foi* sous un dôme, tenant la lampe symbolique, ou bien sa *Sibylle de Delphes*, ou bien ses *Jours de la création*, sont des merveilles d'agencement. — Chaque jour de la création est représenté par un ange, debout, dans un fouillis de plis de robes et de plumes d'ailes, tenant un globe de cristal. Dans ce globe vient se refléter le travail fait par Dieu, pendant la période de temps qu'il représente. Ainsi, le troisième jour, on voit s'y profiler de fins feuillages selon le mot : Et Dieu dit : « Que la terre porte du gazon et l'arbre produisant du fruit… » Le cinquième jour, on voit dans le globe un vol de grands oiseaux de mer, et les pieds de l'ange reposent sur une grève pleine de coquillages. A mesure que la semaine créatrice s'avance, les anges des jours précédents se rangent derrière celui qui tient le globe principal. Il est impossible d'imaginer un symbolisme plus gracieux et moins pédant.

Regardons maintenant un duo, *Merlin et Viviane*, par exemple, œuvre déjà ancienne et bien inférieure aux Jours de la Création, mais d'un sentiment très profond. On sait le sujet. Pour se délasser de la politique et de la guerre, Merlin se promenait quelquefois, sous la forme d'un jeune escholier, dans la forêt de Broceliande. Là, il rencontra une jeune fille appelée Viviane, née d'une fée qui lui avait fait ces trois dons au berceau : être aimée de l'homme le plus sage du monde ; faire faire à cet homme toutes ses volontés ; apprendre de lui toutes les choses qu'elle voudrait savoir. Le vieux Merlin ne pouvait échapper à la destinée. Puisque c'était lui, l'homme le plus sage du monde, il devait aimer Viviane, et comme celle-ci se désolait de ses continuels voyages à la cour du roi Arthur et qu'elle lui demandait chaque fois de lui enseigner sa magie, par exemple l'art d'endormir quelqu'un, puis de l'emprisonner « sans pierres, sans bois et sans fer, seulement par enchantement », il devait lui céder en cela comme en tout le reste. Il devinait pourtant où elle voulait en venir ; il avait dit : « La louve doit lier le lion sauvage si étroitement qu'il ne pourra plus remuer. » Mais prévoir le danger, en amour, cela sert-il jamais à quelque chose ? Un jour qu'ils étaient assis dans un buisson d'aubépines fleuries, Viviane, caressant les cheveux blonds de l'Enchanteur, l'endormit, puis se levant, tourna neuf fois son écharpe au-dessus du buisson, en faisant neuf enchantements que Merlin lui avait appris. Quand le devin ouvrit les yeux, tout avait disparu. Il se trouvait dans un château enchanté, à jamais prisonnier, inutile désormais à Arthur, comme le dit Tennyson dans un de ses vers monosyllabiques :

And lost to life and use and name and fame.

Burne-Jones a choisi le moment où Viviane vient de ravir au devin le livre très savant où sont écrits, en des langues mortes et en caractères longs comme des « pattes de puces », les enchantements subtils. Elle s'est dressée, fine, longue, onduleuse, et tenant le grimoire au bout de ses doigts fuselés, elle tourne la tête, une tête d'oiseau intelligent et perfide, vers le bon philosophe encore couché dans l'aubépine, à la fois souriant à sa beauté et inquiet de sa traîtrise.

Mais prenons une scène un peu plus compliquée, bien que de trois personnages seulement : le *Chant d'amour*, par exemple, qui est peut-être, au point de vue de la composition, le chef-d'œuvre de Burne-Jones. Nous voyons une jeune fille agenouillée presque de face, sur un coussin, au milieu d'un gazon fleuri. Elle joue de l'orgue sur un de ces petits instruments que les anges touchent dans les tableaux des Primitifs, parmi les nuées, les trompettes, les ailes et les gloires. Plus près de nous, vu de dos, mais la tête tournée de profil vers le centre de la composition, un chevalier dans son armure, assis par terre, les jambes repliées, écoute. De l'autre côté, un jeune berger, qui est l'Amour, demi-nu, couronné de feuillages, les paupières baissées, un genou en terre, presse doucement le soufflet de l'orgue. Au premier plan, des fleurs. Au fond, un groupe de maisons ou la cour d'un château, puis le cadre qui plane très bas. Pas de ciel ; la pensée ne se perd pas dans l'azur du Paradis : le ciel, ici, ce sont les yeux de la jeune fille. Pas d'histoire ; il n'y a rien à deviner, mais tout à éprouver : l'histoire ici, c'est la vie de deux cœurs et un peu d'air qui ébranle les ondes sonores. On s'intéresse, selon le précepte de Ruskin, à la vie même des êtres et non à ce qui va leur arriver. Pas de mouvement, sinon le geste de l'Amour souffleur, mouvement doux, continu, sans effort, comme dans un rêve. On s'intéresse à la forme même du corps humain, non à sa déformation. Le dessin du chevalier et de sa dame est admirablement pur. Les attitudes des trois figures, assez différentes pour se compléter, assez semblables pour s'unir, tendent à cette synthèse classique et latine qu'on peut bien mépriser en théorie, mais à laquelle, en examinant toutes les belles œuvres, on trouve qu'elles sont revenues. La pyramide est replacée sur sa base. De quelque côté que le regard se dirige, les lignes le ramènent au centre, et l'élèvent au visage de la musicienne éternelle, à ces lèvres qui s'entrouvrent, à cette mélodie qu'on n'entend pas mais, qui remplit tout, comme la cloche invisible dans l'*Angélus* de Millet, à cette harmonie qu'on éprouve par tous les traits et tous les modelés de cette vision : au chant d'amour.

Quand on a épuisé les critiques de détail, on dit de Burne-Jones, — et c'est là, je crois, un de ses grands chagrins, — qu'il se désintéresse de notre temps, de nos mœurs, de nos figures et de nos pensées. Si l'on veut dire qu'il ne peint pas des costumes de chez Worth, ni le mobilier des *stores*, on a raison et il faut l'en féliciter. Mais que ses œuvres suggèrent moins d'images contemporaines, moins de préoccupations actuelles, qu'elles tiennent de moins près à la vie que nous vivons que les dessins du *Graphie* ou de l'*Illustrated London News*, c'est une erreur profonde de réalistes en quête d'une superficielle modernité. L'impression ineffaçable qu'elles laissent à quiconque les a regardées, le prouve. Pour moi, je n'ai jamais pu voir certaines de ses toiles, sans que les inquiétudes et les réalités de l'heure présente fussent réveillées. Il ne m'a jamais été possible d'emprisonner ces figures légendaires dans une époque, puisqu'elles ne sont d'aucune époque, dans une nationalité, puisqu'elles n'ont pas de nationalité, ni dans l'illustration d'une pensée étrangère qu'elles dépassent presque toujours en la transformant. Au printemps dernier, par exemple, quand on était devant l'*Amour dans les ruines* exposé à la New Gallery et qu'on regardait ces deux graves amans aux robes bleues, assis sur les colonnes brisées d'un vieux palais Renaissance, parmi les buissons d'églantines, là où autrefois tout un monde a vécu, où toute une civilisation a brillé, doucement songeurs tous les deux à ces choses disparues qu'ils remplacent en faisant régner l'amour là où ont trôné les lois, les vertus et les religions, on ne pensait guère à Browning, ni à sa banale évocation du passé. On pensait aux ruines du présent, aux ruines trop réelles où nous vivons et que nous ont faites ceux qui nous ont précédés. Les ressemblances entre le tableau du monde actuel et ce tableau de légende, n'étaient que trop visibles... Tout a croulé de ce qui soutenait nos pères. Eux-mêmes, ils ont démoli avec rage, avec méthode, avec obstination. Que nous reste-t-il à faire ? Croire ? — Ils n'ont laissé que des doutes... Espérer ? — Ils ont fermé le ciel... Vouloir ? — Ils nous ont expliqué que ce sont les circonstances qui veulent pour nous et que c'est l'hérédité qui nous détermine... Admirer, respecter ? — Quoi donc qui n'ait été scientifiquement mis à nu et doctoralement bafoué ?... En politique, il nous restait la bâtisse de la Révolution. Un grand historien est venu, suivi de beaucoup d'autres, qui, avec les plus hautes intentions et peut-être, hélas ! avec justice, ont jeté bas ses façades et renversé ses statues. Nous avions des figures légendaires de héros ; ils les ont détruites, les unes après les autres, sans prendre garde que chaque fois que l'acier froid de la critique, manié comme l'aiguille de l'envoûteur, perce une légende, tue une image, il tue aussi les héros bien vivants, en chair et en os, que cette belle légende, que cette splendide image eût suscités... On s'est attaqué à plus haut encore. On a renversé l'idée de Dieu de son socle. Il semblait qu'on mettrait à la place quelques idées morales qu'on dit avoir précédé les religions et devoir y survivre, mais il n'en est rien. Notions de la famille, notions de la propriété, notions même du patriotisme, on les insensibilise une

à une, sous les piqûres subtiles du sophisme qui font à peine mal
et, au contraire, amusent par leur inédite âcreté. Préjugés, vérités,
conventions, respect, liens sociaux, sous l'ongle de la bande noire,
tout ce ciment tombe, tout se désagrège. tout s'effrite. Il n'y a plus
que quelques placages suspendus en l'air, quelques balcons qui
strient inutilement le ciel. Les jeunes gens qui entrent aujourd'hui
dans la vie, comme ceux que Burne-Jones fait entrer dans sa toile,
trouvent le sol jonché de débris... Que faire alors ? — Ce que
font ceux-ci : *aimer*. Dans ce désarroi des consciences, dans cette
dispersion des efforts tentés pour le Bien, les uns croyant qu'il
sortira d'un plus grand mal et se ruant à l'attaque de ce qui reste
du monument social, sous prétexte qu'il n'en reste pas assez pour
nous abriter ; les autres le démolissant parce qu'il en reste trop ;
d'autres, vieux incendiaires, s'efforçant de garder quelque chose des
planchers et des voûtes, mais sans oser consolider les fondements
qu'ils ont minés toute leur vie ; tous, pour des motifs différents,
concourant à la ruine totale, par espérance ou par découragement,
par indécision ou par indifférence, par audace ou par peur,
seul un drapeau flotte respecté, un remède paraît efficace, un
sentiment unit les bonnes volontés et paraît une sûre carrière aux
dévouements qui cherchent le devoir : c'est la pitié pour la misère
humaine, c'est la charité, la donation de soi-même, c'est l'amour.
Seul, aux yeux des contemporains il excuse les fautes ou les répare ;
seul, il élève la passion, même la passion politique, et la purifie.
La femme qui a failli, si elle a beaucoup aimé, il lui est beaucoup
pardonné. L'homme d'Etat qui a commis de lourdes erreurs, qui
a déchaîné les pires malheurs sur sa patrie, s'il a beaucoup aimé
cette patrie, a le pardon de tout un parti, parfois de tout un peuple.
Seul, avec les églantines, l'amour continue son œuvre parmi les
choses disparues. Seul, il ressemble à une loi suprême, puisqu'on
a été jusqu'à dire que « toute licence est permise sauf contre lui. »
Et ce sentiment est universel. Au moment même où l'on admirait
le tableau de Burne-Jones dans Regent Street, à Londres, on se
pressait à Paris, au Champ-de-Mars, devant le tableau de M. James
Tissot. Ce Christ en chape, serré contre deux misérables, parmi les
débris d'un palais brûlé par la Commune, les réconfortant par la
vue de l'immense sacrifice, de l'éternelle pitié, n'était-ce pas aussi
un Amour dans les ruines ? Et l'admiration qu'il soulevait n'était-

elle pas due au sentiment qui s'en dégageait, bien plutôt qu'à ses médiocres qualités esthétiques ? L'*Amour dans les ruines*, l'œuvre de Burne-Jones, ce n'est donc pas une vision des temps passés, quelque folie de Gauvain, quelque idylle de Lancelot, quelque gageure du roi Arthur : c'est, sur l'horizon assombri de nos luttes, de nos doutes et de nos désespérances, la figure même de la folie humanitaire et sociale, de la grande folie de demain...

III. SES CARACTÉRISTIQUES

III. SES CARACTÉRISTIQUES [1]

Nous avons pénétré chez les sept maîtres de l'art britannique et tâché d'en tracer des portraits ressemblants. Voilà nos personnages posés, chacun dans le jour qui lui est propre et peint des couleurs qui lui sont particulières. Mais ce n'est là que la moitié du tableau. Il nous faut maintenant unir ce que nous avons séparé, envelopper toutes ces figures du même air, les repeindre d'une même pâte, chercher non plus en quoi les maîtres d'outre-Manche diffèrent entre eux, mais en quoi ils se ressemblent et en quoi, tous ensemble, ils diffèrent de leurs confrères du continent, — oublier les détails, négliger les accidents, faire comme ces photographes qui ne retiennent des frères et des sœurs qui passent devant eux que les traits caractéristiques pouvant servir à composer la physionomie collective, *le type de famille*. Nous avons dit ce que sont les peintres anglais : disons ce qu'est la peinture anglaise.

Tout d'abord, si l'on a vu Watts et Leighton, Millais et Herkomer, Burne-Jones, Hunt et Alma-Tadema, choisir des sujets fort différents et puiser leurs inspirations à des sources très diverses, on n'a jamais vu ces maîtres se passer d'un sujet. Jamais aucun d'eux ne dépensera son talent à un dos de femme nue, comme M. Henner, ou à une frimousse de marmiton dans l'ombre, comme Ribot. Il fera même très rarement une figure de style, jouant un rôle aussi effacé, aussi peu significatif que *la Source* d'Ingres. Il ne s'enthousiasmera pas pour de pures beautés de modelés, de reflets, de lignes. La peinture de *morceau* ne lui dit rien et surtout ne dirait rien à ses compatriotes. Il n'importe que les bouches plaisent, mais il faut qu'elles parlent. Herkomer, le plus plastique de leurs peintres, n'a pas cru pouvoir représenter les invalides de Chelsea, assistant à l'office, sans y introduire l'épisode dramatique de l'ami inquiet qui tâte son voisin pour savoir s'il est encore de ce monde. Millais, qui prétend ne chercher que les qualités spécifiques de la peinture, a raconté plus d'histoires en sa vie que Lamartine ou que Byron. Pour prendre un artiste de second plan, M. Orchardson, qui a un talent de coloriste à se passer de tous les artifices de l'anecdotier, s'ingénie à nous poser chaque année de nouvelles énigmes. Par exemple, il nous montre un vieux monsieur, dans un salon, le soir, — en habit noir naturellement comme tout bon Londonien passé huit heures, — et ce vieux monsieur réfléchit profondément sous la lampe. Cela s'appelle *la Voix de la mère*, et, regardant à l'autre bout de la toile, on découvre que, derrière un piano, un jeune homme et une jeune fille font de la musique, le jeune homme tournant les pages de la partition, la jeune fille chantant. Les intonations de cette voix fraîche, la tristesse du soir, la pensée d'une séparation prochaine, les images que les flots de cette mélodie charrient avec eux sur ce courant du passé que remonte le souvenir, voilà peut-être ce qui rend si pensive cette physionomie de viveur fatigué. Mais peut-être aussi est-ce tout autre chose, et le sphinx qu'est M. Orchardson a-t-il simplement voulu rire. Car chez les Anglais contemporains, le sujet n'est pas seulement remarquable pour sa signification, mais aussi pour son mystère. Il est intéressant non pas tant pour ce qu'il dit, que pour ce qu'il ne dit pas, et pour ce qu'on devine. De tout temps, les Anglais ont raconté des histoires dans leurs tableaux, mais Hogarth les écrivait lisiblement sur une multitude d'accessoires, sur des bouts de papier qu'il plaçait entre les mains de ses personnages. Les contemporains les expriment plus délicatement ou les recèlent sous les lèvres closes de leurs figures. On devine un sentiment, un drame, une volonté, un souvenir, quelque chose qui se prépare, ou qui s'achève, et la curiosité est d'autant plus piquée, l'imagination d'autant mieux mise en jeu, que le drame n'apparaît jamais, l'histoire n'est jamais prise au point où elle se raconterait d'elle-même. Burne-Jones ne nous mon trépas une malheureuse princesse garrottée, brutalisée, enfermée dans la *Tour d'Airain* où elle passera le reste de ses jours ; non, il nous la montre libre encore, mais inquiète, regardant de loin, au travers d'une porte, la construction et l'achèvement de la tour... Millais ne nous fait pas voir les frères d'Isabelle assassinant Lorenzo, ou bien les deux amoureux dans les bras l'un de l'autre ; mais nous assistons au festin où Lorenzo offrant une moitié d'orange à Isabelle, leurs yeux se rencontrent et, dans les regards haineux que jettent les deux frères à Lorenzo, tout le drame de Keats est contenu... Hunt n'a jamais peint l'horreur plastique du Juste crucifié, pantelant, bafoué par la canaille, avec des chairs ouvertes, des plaies vives, pleurant du sang : il a resserré tout le drame de la Passion dans

le geste de la Mère apercevant l'ombre d'une croix sur un mur...
C'est, en peinture, le procédé de ces nouveaux dramaturges qui
font des pièces où il ne se passe rien, où toute l'action se réduit
à la conversation d'un vieillard aveugle et de ses filles autour
d'une table, où les drames sont prévus et non vus, les événements
pressentis plutôt que ressentis, où les seuls acteurs actifs sont les
sentiments, et la seule scène agitée, l'âme du personnage.

Ainsi, dans la peinture anglaise, il y a toujours un sujet, et presque
toujours ce sujet est envisagé par son côté le plus intime. Si vaste, si
universel soit-il, nous le voyons se refléter dans l'expression d'une
ou de deux figures, — comme on voit, dans un dessin fameux
d'Hokiusaï, la grande montagne du Fuji-Yama se reproduire tout
entière dans un petit miroir. Madox Brown, voulant peindre la
grande émigration de 1852, n'a pas jeté sur une toile de six pieds
une foule de malheureux, dans un encombrement de paquets et
de valises : il a mis, dans une barque, deux jeunes époux, avec leur
premier-né, regardant tristement fuir les rivages de la marâtre
patrie. Rarement les Anglais peindront une bataille, une fête, une
foule agitée, passionnée et débordante ; leurs peintres médiocres
abordent seuls de tels sujets. Tandis qu'en France, si nous voulons
citer les grandes œuvres du siècle : de David, de Géricault, de Gros,
de Delacroix, de Decamps ou même, plus près de nous, de MM.
Flameng, J.-P. Laurens, Cormon, Puvis de Chavannes, ce sont
toujours des ensembles, des groupements qui se présentent à nos
yeux, si nous évoquons les meilleures toiles de Rossetti, de Watts,
de Burne-Jones, de Millais, même de Walker ou d'Orchardson, ce
sont des monologues, des duos, tout au plus des trios qui percent
la brume de nos souvenirs : *Beata Beatrix, la Lumière du monde, le
Huguenot, le Chant d'Amour, l'Amour et la Mort* sont des scènes de
la plus intense intimité. Ouvrez la porte, appelez la foule : toutes
ces figures s'enfuiront effarouchées. Mettez-vous à rire, poussez un
cri de joie : elles disparaîtront comme un rêve. Jamais dans l'œuvre
anglaise contemporaine on ne trouve une explosion grossière,
ni même un éclat de gaîté, jamais un spectacle grotesque ou
simplement bruyant. Les grosses farces de M. Roybet n'ont pas leur
pendant de l'autre côté du détroit. On ne s'amuse guère dans les
tableaux de MM. Watts, Burne-Jones, Hunt et même Herkomer ;
M. Alma-Tadema, qui seul, parmi ses confrères, voudrait bien

rire un peu, étant d'un pays « de haute graisse », n'ose pas le faire trop haut, et si l'on danse parfois chez lui, — danses pyrrhiques, bacchanales, — c'est pour accomplir des rites religieux. Dans toute la peinture anglaise, on prie, on pleure, on aime et on meurt. Or quoi de plus intime que ceci : prier, pleurer, aimer et mourir ?

Si nous considérons la composition de plus près, nous verrons qu'il n'y a pas là seulement l'intimité superficielle qui ne tient qu'au titre ou au sujet : il y a aussi et plus encore une intimité pittoresque, celle qui tient à la forme et à l'exécution. D'ordinaire, le cadre coupe la toile très bas : la ligne d'horizon se trouve donc placée très haut. Le ciel manque la plupart du temps et la pensée ne pouvant se perdre dans l'espace vide, s'égarer en des lointains enchanteurs, revient se fixer sur les physionomies qu'elle scrute davantage : ainsi *le Rêve de Dante*, de Rossetti, *le Valentin et Sylvie*, de Hunt, *la Circé* de Burne-Jones, *l'Ophélie* de Millais, *Chez Lesbia* et *la Plaie d'Egypte* d'Alma Tadema. La pensée a d'ailleurs de quoi s'occuper. Les accessoires abondent, remplissent tous les coins, encombrent le premier plan : feuilles, fleurs, étoffes chiffonnées, plumes lissées, vases précieux, les moindres détails sont rendus avec un soin et souvent une sécheresse qui leur donnent une grande importance. L'impression d'intimité s'en augmente. Un salon soigneusement calfeutré, rempli de bibelots, n'a-t-il pas quelque chose de plus intime qu'une pièce vide ? Chaque accessoire comporte, d'ailleurs, sa signification : tous racontent un passé, heureux ou triste, comme dans *le Passage du Nord-Ouest*, ou nous fixent exactement sur le lieu où nous sommes, comme dans *l'Ombre de la Mort*. Cette coquille aux pieds d'un *Ange de la Création* signifie que « les eaux qui sont sous le ciel se sont rassemblées » et que la mer a déjà ses rivages. Dans cette bulle d'air que soulèvent des *Innocents*, nous apercevons distinctement le songe de Jacob et, sur ce savon, aux pieds de l'*Enfant aux bulles*, nous lisons le nom d'un commerçant industrieux. Ne passez pas devant la *Lucrezia Borgia* de Rossetti sans examiner de près le mobilier ; sans cela, vous n'y verriez qu'une belle femme, somptueusement vêtue, qui se lave les mains. Arrêtez-vous un instant… Qu'apercevez-vous derrière cette femme, sur cette table ? Une carafe, du vin, des coupes… On vient de boire… Quoi donc ? Regardez dans ce miroir et vous y verrez le reflet de deux hommes qui marchent, côte à côte, l'un soutenant l'autre.

C'est le mari de Lucrèce Borgia, Alfonso de Bisceglia se traînant sur ses béquilles et c'est le pape Alexandre VI, qui le fait promener dans la chambre, afin que le poison qu'il vient d'absorber descende bien dans les organes de la digestion et y opère son œuvre. Et derrière eux, toujours reflété par le miroir, un lit, — le lit où la victime expirera bientôt. Maintenant, cette inspection domiciliaire terminée, reportez vos yeux sur cette mystérieuse figure de femme, admirablement belle, et vous comprendrez ce que veut dire son regard et pourquoi elle se lave les mains... Ainsi tous les détails ont une voix. Les objets les plus menus font leur partie dans l'ensemble. On s'en aperçoit ; on prête l'oreille et, peu à peu, on s'oublie à écouter ces infiniment petits. Comme un entomologiste couché dans l'herbe examine les insectes qui passent et s'abîme dans la contemplation des mondes qu'ils révèlent au-dessous de nous, on touche soi-même à la pensée la plus vaste par ces microscopiques détails : l'infime mène à l'infini.

A quoi tient cette intimité ? — Un peu aux circonstances. Sur le continent, l'Eglise et l'Etat ont presque partout encouragé les artistes par des commandes et leur ont dicté des sujets. En Angleterre, rien de pareil. Jusqu'à ces dernières années, l'Etat n'a rien fait pour encourager la représentation des grands spectacles de l'histoire, et la Grande-Bretagne protestante, même encore aujourd'hui, n'admet que rarement dans ses temples la figuration des faits contés par les livres saints. Hunt n'a jamais reçu de commande d'un membre du clergé. De plus, isolée du monde, inaccessible, intangible presque, la nation anglaise n'a pas à retracer sur les murs de ses édifices le récit douloureux et magnifique des sièges subis et des invasions repoussées. L'art n'a vécu longtemps que des subsides des particuliers dont tout le bonheur consistait dans la vue du *home*, de la vie de famille : ses sujets étaient ceux que ces gens voient autour d'eux et qu'ils aiment. Le contraste entre ces sujets et les nôtres frappa beaucoup les visiteurs de la grande Exposition de Paris, en 1855. Passer des grands salons consacrés aux œuvres de la France et du continent dans les longues galeries des tableaux anglais, c'était passer de la guerre et de ses fureurs, des grandes passions et de leurs souffrances, du crime, du martyre et de la gloire, aux scènes pacifiques de la vie bourgeoise et familiale. C'était dire, comme Gœthe revenant de la campagne de France :

« Nous voilà donc au logis, au sein d'une absolue tranquillité ; l'œil s'en va, charmé, de porte en porte ; l'artiste, heureux, jette de tranquilles regards sur les lieux où la vie s'agite paisiblement… » C'était entrer dans la vie d'un peuple sans histoire, ou dont toute l'histoire est faite d'une partie de colin-maillard, d'une course au Derby ou de la joie d'une fiancée choisissant sa robe de noces, — la vie d'un peuple heureux.

Mais ces chroniques de l'existence bourgeoise, renouvelées des Hollandais, ne devaient pas suffire éternellement aux imaginations ardentes et investigatrices. Aussi bien, c'est lorsque le peuple est heureux que l'individu sent le plus vivement ses propres chagrins. A défaut de drames au dehors, à la frontière, dans la rue, il se tourne à dramatiser les menus incidents du dedans et à défaut d'incidents, il en arrive à noter, comme on le fait dans les couvents, les moindres attitudes, les gestes les plus subtils et jusqu'aux aspects de l'âme. A force de se replier sur lui-même, l'artiste anglais a fini par y découvrir autre chose que des goûts vite apaisés ou que des joies facilement conquises : il a découvert le domaine de l'âme, de l'âme où resplendissent plus d'ivresses que dans tout un paradis de Rubens, où grondent plus d'orages que dans toute une armée île Salvator Rosa donnant l'assaut. D'anecdotiques, ses sujets sont alors devenus psychologiques. De l'intimité du *home*, ils ont pénétré jusqu'à l'intimité de la conscience. La chronique s'est faite philosophie. Nous ne voyons plus le *Marié à la mode*, saoul, bâillant dans son fauteuil après une nuit passée au jeu, et son intendant désespéré, levant les bras au ciel, — ce qui n'était qu'une historiette : nous voyons le *Roi Cophétua* en extase devant une mendiante inconnue, l'épouse chimérique, la vie humble, ignorée, inexpérimentée encore où il croit trouver le bonheur, — ce qui est une pensée. En même temps, de l'imitation des Hollandais, la peinture a passé à l'imitation des Primitifs italiens. L'intellectualité du sujet, que nous avons notée comme une caractéristique de l'art anglais avant 1850, s'est changée en la suggestion du sujet, — qui est une caractéristique de l'art anglais d'aujourd'hui. Lorsque les Anglais sont revenus devant nous, en 1878 et surtout en 1889, on ne disait plus que passer des salles françaises dans les leurs, ce fût simplement passer des grands événements de la vie publique dans le repos du *home* : on a dit avec raison que le lieu semblait « fait pour y lire la *Vita nuova* de Dante parmi des images sereines qui murmurent des choses inexprimées [2]. »

Seulement, ces drames silencieux de l'âme, ces imperceptibles mouvements du cœur, toutes ces inquiétudes à peine avouées de la raison qui balance, de la volonté qui se divise ou du sentiment qui s'ignore, ne se révèlent pas à la vue par des jeux musculaires très sensibles, ni par des gestes très définis. L'ardeur d'un soldat qui se bat à coups de sabre, l'ivresse d'une femme qui valse, voilà des sentiments qui s'expriment aisément, naturellement par le langage des gestes. Mais les impressions d'une jeune fille au moment où elle devine sa mort proche et sa béatification assurée, ou bien encore celles d'une recluse obligée à faire de la tapisserie toute sa vie, sans jamais regarder dans la direction d'un château de perdition, n'ont point pour se manifester aux yeux des expressions très fortes, ni même très adéquates. Voulant les traduire, les artistes ont dû chercher des mots nouveaux, c'est-à-dire des attitudes inaccoutumées ; il leur a fallu inventer des poses, plier des membres à de bizarres torsions, creuser les expressions des faces. La particularité du geste découle ainsi forcément de la suggestivité de la donnée. Ce n'est pas que les Anglais dessinent très souvent des gestes faux, mais du moins dessinent-ils des gestes rares. Un geste faux est celui que le corps ne peut donner, ou qu'il ne donne qu'avec un effort très pénible ; un geste rare est celui qu'il ne donne jamais naturellement, mais qu'il peut atteindre et même garder sans peine. Rejoindre les deux coudes par derrière son dos, c'est un geste faux ; désigner avec l'index de la main droite une personne qui est à votre droite, en tenant le coude collé au corps, c'est un geste rare. C'est un peu celui de la *Foi* et de l'*Automne* de Burne-Jones. Il n'est pas sans grâce, car il marque une certaine retenue dans le mouvement, — une sorte de réticence myologique, — mais il n'est pas naturel. Le geste naturel consisterait au contraire à détacher hardiment le coude du corps, comme lorsqu'on met le poing sur la hanche. Mais c'est vulgaire, et entre le vulgaire et le rare, un artiste anglais n'hésite pas : il préfère le rare. D'ailleurs, ce qui est vulgaire, en général, c'est de gesticuler, comme les orateurs du Midi. Les Anglais gesticulent aussi peu dans leurs tableaux que dans leur vie, j'entends qu'ils ne font pas de grands gestes enveloppants et démonstratifs. On a dit d'Alma-Tadema que c'est le peintre du repos : on peut le dire, sauf de Watts, de tous ses confrères. Leur particularité du geste consiste en une immobilité très maniérée ou en une action très lente. Le dédain de Ruskin pour toute action violente, pour tout mouvement rapide, « pour toute figure qui tombe, qui vole, qui frappe ou qui mord, » est partagé par les meilleurs de ses compatriotes. Et c'est ce qui fait l'originalité profonde de leurs attitudes. Car, voulant d'une part que ces attitudes expriment des sentiments assez violents et s'interdisant d'autre part toute gesticulation vigoureuse, ils en arrivent à des jeux de mains et de physionomies à la fois outrés et contenus, exagérés et timides. Comme le corps ne doit pas s'agiter sous la douleur, comme les bras ne doivent pas se lever pour manifester l'étonnement ou l'indignation, c'est la tête qui se renverse ou qui s'abat avec une anxiété passionnée sur un buste rigide : ainsi celle du roi de France dans la *Cordelia* de Madox Brown, de la *Beata Beatrix* de Rossetti, de *l'Espérance* de Watts, du *Huguenot* de Millais, du *Valentin* de Hunt, de *Viviane*, de la *Tempérance*, des *Rois Mages* de Burne-Jones, du mortel dans *le Rempart de la maison de Dieu* de Strudwick. De là, une impression de malaise qui fait longuement songer. Seulement, cette impression est toujours identique devant les états dame les plus dissemblables. Le moment arrive vite où les formes plastiques se refusent à différencier davantage les idées trop compliquées que veut leur faire exprimer l'artiste. Elles répètent alors toujours le même geste, la même attitude, quel que soit le sentiment à traduire. Le compagnon de *Marie-Madeleine* et l'un des nautoniers de la *Nef d'amour* ont beau renverser la tête : ils ne parviennent pas à une attitude sensiblement différente, en sorte que la douleur de la faute et la joie de partir pour les rives du Tendre se résolvent, chez Rossetti, par le même torticolis.

Cette particularité du geste est-elle voulue ; est-elle ressentie ? Il y a cinquante ans qu'elle règne et nous n'en savons rien. Certains Anglais ont une puissance de dissimulation qui peut durer autant que leur vie. Voyez, par exemple, le peintre, poète, critique et assassin Thomas Wainewright : si un malencontreux hasard ne l'avait fait rechercher et découvrir pour une simple indélicatesse, cet esthète aurait vraisemblablement continué à empoisonner tous les membres de sa famille ou de la famille de sa femme sans qu'il en parût rien ni dans sa paisible vie de dilettante raffiné, ni dans sa poésie, ni dans ses tableaux. Car, au milieu des préoccupations si diverses et si graves que devaient lui procurer les assassinats de son oncle, de sa belle-mère et de sa belle-sœur, cet artiste de talent conserva toujours le calme nécessaire à l'étude des chefs-d'œuvre et à la poursuite de l'idéal, décrivant des tableaux de Jules Romain, où l'on voit « les fleurs exhaler le triste parfum de leurs boutons, le rossignol pleurer sur les alentours rocailleux et l'hirondelle infléchir son vol aux longs replis » de la même main qui versait la strychnine dans la tasse de miss Hélène Abercrombic... Peut-être pareillement, les expressions outrées, les cous tordus, les genoux contournés, les bras lassés et repliés des préraphaélites, ne sont-ils que les traits d'un masque qu'ils se donnent, les effets d'une gageure qu'ils ont juré de tenir. Mais nul ne peut l'affirmer. Ils ont longuement vécu avec ce masque, quelques-uns sont morts sans le quitter, emportant dans la nuit où rien ne bouge, la joie d'avoir dérouté les indiscrétions de la critique et mystifié son pontificat. — Quand on parcourt un musée d'artillerie, une salle des gardes, où des armures vides font la haie, on voit quelquefois des casques dont la bouche, largement fendue et retroussée aux coins, fait rire toute la physionomie de fer. Ces casques baissés vous suivent du regard et, où que vous alliez, vous les apercevez, ricanant toujours... Le masque préraphaélite, lui aussi, vous entre profondément dans le souvenir et il garde toujours une expression désolée, sans que vous puissiez deviner si c'est là ce que sent vraiment l'artiste ou si ce n'est qu'une armure qu'il a empruntée aux collections du moyen âge, pour passer, visière baissée, à travers ces foules du XIXe siècle, choquées d'abord, puis intriguées, mais charmées et bientôt presque amoureuses...

Du moins cette particularité va-t-elle toujours sans bassesse. Les artistes anglais ne cherchent pas à varier leurs effets en adoptant indifféremment, pourvu qu'ils soient significatifs, les gestes lourds, les poses déhanchées qu'on voit chez les gens du peuple, dans les carrefours. Ils ne se permettent pas une attitude canaille, une pose pouvant évoquer une idée grossière ou sensuelle, ironique ou drôle, rien qui corresponde aux croquis de M. Raffaelli. Ils caractérisent, ils ne caricaturent pas. Sauf dans *Trouvée* ! de Rossetti, et dans l'*Ave Cæsar* d'Alma-Tadema, la grande peinture anglaise ne nous offre pas un exemple de vulgarité. Même dans ces figures accablées que Rossetti, Burne-Jones et Watts nous montrent si souvent : *Caïa* fléchissant sous la colère céleste, *la Dame à la chaîne d'or*, *Guinevère* prête à tomber en pâmoison, les servantes de *la Belle au Bois dormant* cédant au sommeil, *l'Espérance* tirant un dernier son de la dernière corde demeurée à sa lyre, même dans les figures les plus abattues, il n'y a jamais rien de hagard : la bouche exprime le dédain, non le dégoût ; le geste las n'est jamais veule, les poses abandonnées ne sont jamais avachies. L'ensemble de la nature humaine garde encore sa dignité quand l'expression de la tête indique l'accablement du désespoir, sa retenue quand on sent, à de certains indices, que la colère le domine, et ce mélange, inconnu jusqu'ici, de passion violente et de dignité sereine qui correspond si bien à la nature anglaise, garde ces figures de toute trivialité. Même, si l'on descend à leurs représentations des classes les plus humbles de la société, on reconnaît, dans tous leurs gestes, cette gravité auguste que Victor Hugo n'a mise que dans celui du semeur. Le laboureur qui passe devant *la Vieille Porte*, de Frederick Walker, ôte sa pipe de la bouche comme Apollon saisirait son plectre, et son petit valet de ferme marche d'un tel pas, naturel et noble à la fois, que M. Phillips le qualifie d' « agressivement panathénaïque. » Et si vous regardez *le Labourage* du même artiste, il vous semblera bien avoir vu déjà quelque part, entre ciel et terre, ce cheval qui traîne la charrue... Vous l'avez vu sur les frises du Parthénon, aux beaux jours de sa jeunesse, aux temps où, selon l'expression de M. Cherbuliez, il semblait dire : « Un Dieu seul est mon maître. »

La noblesse de l'altitude est donc, avec la particularité du geste et l'intensité de l'expression, une caractéristique de la peinture anglaise. Ce qui y contribue, c'est que les visages sont toujours réguliers et beaux, dans n'importe quelle condition sociale. M. Armitage a été querellé par ses collègues de l'Académie pour avoir introduit un nègre dans un de ses tableaux. Le visage habituel des artistes anglais, qu'ils peignent l'antiquité ou les temps modernes, la paysanne ou la grande dame, est bien reconnaissable à son air de santé, de vigueur, de régularité, de vie fraîche et rose, de grâce à demi souriante ou de bouderie, ou de joie contenue. Les visages de Rossetti ne sont pas souvent gais, mais toujours beaux. La douleur ne va jamais jusqu'à les déformer. Pas plus que les lutins du rire ne tirent vers le ciel les coins de la bouche, du nez et des sourcils, les démons de la douleur n'abaissent trop violemment ces traits vers la terre. La critique de Ruskin : « En exagérant les signes extérieurs de la passion, vous ne montrez pas la force de cette passion, mais seulement la faiblesse de votre héros, » est comprise et respectée. Il y a, pour cette santé physique, cette modération habituelle de l'expression faciale, une certaine ressemblance entre les physionomies anglaises et lés physionomies des statues grecques. M. Taine, se promenant aux Uffizi ³, l'avait remarqué, et lorsqu'on se trouve dans un milieu mondain, à Londres, on est frappé par les qualités maîtresses de la sculpture grecque, la mâle vigueur et la pureté des lignes, ou au moins l'impassibilité des traits et la sobriété des expressions. Si l'on veut remonter à l'origine de ce type gréco-britannique qui règne dans l'art anglais, depuis les enchanteresses de Burne-Jones jusqu'aux Romaines d'Alma-Tadema, il ne faut pas oublier que là, au milieu de cette société raffinée de quattrocentisme et de psychologie, reposent les dieux inintelligents mais robustes, les Centaures frustes mais bien musclés, les Canéphores aux pensées incultes, mais aux solides épaules, arrachés par lord Elgin au Parthénon. Peut-être sont-ce ces splendides débris qui ont empêché les P.-R.-B. d'aller plus avant dans l'imitation des Primitifs et d'adopter les formes immatérielles, toutes en tige, du XIVe siècle. Peut-être les corps sans tête de Phidias ont-ils sauvé l'art anglais des têtes sans corps de l'Angelico !

Les personnages ainsi examinés en détail, voyons comme ils s'assemblent, c'est-à-dire se groupent ou se répartissent, la composition générale du tableau. C'est là qu'apparaît encore une caractéristique de l'école anglaise : un effort commun pour échapper à l'ordonnance classique. Dès le portrait, on le voit poindre. Un Français cherche d'ordinaire à mettre son personnage au milieu de sa toile et à calculer les proportions de l'un et de l'autre afin que la figure entre librement dans le cadre et cependant n'y entre pas si à l'aise qu'elle semble dépaysée. Un Anglais cherche l'un ou l'autre de ces extrêmes. Dans le portrait du docteur Epps, d'Alma-Tadema, il y a une tête et un buste, mais pas de bras, ni de hanches, ni même de dos, bien que le corps soit de profil. En revanche il y a trois mains. La troisième est sans doute celle d'une malade dont le docteur tâte le pouls. D'autres, au contraire, suivant en cela M. Whistler, prennent une toile trop grande et relèguent leur personnage dans un coin, en pénitence. Mais la plupart des maîtres font entrer des corps très gros dans des toiles très petites, des toiles de Procuste qui leur coupent çà et là quelque chose. Ainsi le cadre accroche le coude du chevalier de Burne-Jones dans *le Rocher du Dragon*, coupe les doigts à *Miss Dorothy Tennant*, de Watts, le coude de *Flamma Vestalis*et tout le bras, sauf la main, de la *Fortune* de Burne-Jones, rogne le coude de *Sir Richard Owen* de Hunt. A la longue, ce spectacle produit une subtile impression de gêne et d'insécurité.

Dès que la scène comporte plusieurs personnages, le désir d'originalité s'accentue. Loin de grouper les figures et de concentrer l'intérêt sur la principale d'entre elles, au milieu, les Anglais les répartissent un peu partout. Nous l'avons suffisamment montré chez Alma-Tadema. C'est très visible aussi dans *le Bain* de Walker, dans *le Départ* de Frank Holl, dans toutes les longues compositions de Leighton. Dès que Burne-Jones assemble plusieurs figures, il disperse l'intérêt. Les imitateurs de Burne-Jones, tels que MM. Strudwick et Stanhope, Mme Stielmann, font de même. Chaque personnage est peint dans la pose la plus convenable, avec les détails qui lui appartiennent le mieux, mais sans égard à la place qu'il occupera dans l'ensemble de la composition. On les dirait faits l'un après l'autre et réunis un peu au hasard, conservant chacun leur individualité, comme de vrais et bons Anglais qu'ils sont, se suffisant à eux-mêmes en vertu du *self help* qui régit toute la nation, et surtout se gardant de sacrifier rien de leur richesse de détail à la collectivité. M. Claude Phillips dit de Walker qu' « on sent qu'il n'a pas travaillé comme Delacroix disait que le peintre le devait, — qu'il n'a pas vu son tableau d'une vision complète et définie, avant de le peindre ; » mais ce n'est pas là une particularité de Walker : c'est une caractéristique de tous ses compatriotes. En parlant de nos peintres français, M. Harry Quilter dit avec une admiration mêlée de surprise : « Ils voient la scène comme un tout et non par morceaux détachés ! » Voir « par morceaux détachés » c'est le propre de la conception anglaise. Alors même que la pensée est une et vigoureuse, l'idée plastique est multiple et par là même, affaiblie. Ainsi, dans *la Voix de la Mère* de M.

Orchardson, il y a un seul tableau psychologique : les souvenirs réveillés chez le vieux monsieur par le chant de sa fille ; mais il y a deux tableaux plastiques très distincts et situés assez loin l'un de l'autre : le monsieur dans son fauteuil à un bout de la toile, le groupe des deux jeunes gens au piano, à l'autre bout. Le milieu du panneau, l'endroit où l'œil se porte naturellement est occupé par une tasse de thé sur le bord d'une table. Entre les deux groupes, il y a, si l'on veut, un lien psychologique : il n'y a aucun lien plastique. La pensée est satisfaite, mais le regard ne l'est pas.

Satisfaire la pensée, suggérer des idées, ne serait-ce pas là d'ailleurs à quoi tendent les artifices de cette composition et même ses défauts ? Pour prendre un exemple chez un artiste de second rang, pourquoi M. Millet a-t-il mis sa *Veuve* tout au bout de la longue table familiale, avec un petit enfant à côté d'elle, et pourquoi nous a-t-il montré, se développant devant elle, cette nappe aux trois quarts vide, cette longue table elliptique que n'entourent ni amis ni parents ?... Evidemment pour mieux nous donner l'impression d'une triste solitude. Ce trait minuscule nous montre combien l'on se méprendrait si l'on mettait sur le compte de leur imprévoyance ou de leur ignorance, la composition de nos voisins les Anglais. Tout chez eux a une raison d'être. Chaque bizarrerie a été longuement voulue et savamment cherchée. Car s'ils pratiquent tous les modes de composer, si parfois même ils ne peuvent échapper au mode classique, il y a quelque chose qui ne se voit jamais chez eux : l'absence d'intention. Même M. Herkomer a composé sa *Dernière Revue* et sa *Charterhouse*, en ce sens qu'il a très habilement varié les expressions de ses soldats et de ses pensionnaires, qu'il en a cherché et peut-être provoqué l'aspect le plus suggestif. Pour ne noter que ce point, il s'est au moins mis en face de ses personnages de façon à voir leurs yeux, et non derrière eux, de sorte à ne voir que leurs dos. Ceci paraît élémentaire : il est cependant fort peu de scènes données par la nature où tout le monde apparaisse de face, de trois quarts ou de profil. Les amateurs qui ont fait de la photographie dans les fêtes, les réunions publiques, à l'église, savent que la plupart du temps le meilleur du cliché est occupé par un ou plusieurs des : les dos des gens qui étaient tournés vers le point le plus intéressant de la cérémonie, — comme le photographe lui-même. Déblayer le terrain où l'on masse ses principaux personnages de façon qu'ils apparaissent de la tête aux pieds et les prendre de façon qu'on les aperçoive, non de profil pur, mais de trois quarts ou de face, — c'est déjà composer. Beaucoup d'artistes français d'aujourd'hui ne vont pas jusque-là. Ils font hardiment sortir du cadre, au bas de la toile, des dos de spectateurs de l'action principale qui, se trouvant au premier plan, occupent une place énorme et prennent tout le meilleur du tableau. Regardez *les Victimes du Devoir* exposées l'an dernier par M. Détaille ; vous remarquerez que les quatre personnages de premier plan, les plus considérables, ne nous offrent que quatre dos et quatre casques : pas une physionomie, pas un reflet de leurs sentiments ou de leurs pensées… Au point de vue plastique, ce n'est pas toujours regrettable, — le beau tableau de M. Détaille le prouve, — mais au point de vue suggestif, ce procédé tue l'œuvre, parce qu'il la remplit d'objets ou de formes sans expression, — l'expression délicate, mystérieuse, résidant surtout dans les figures, dans les yeux. Multiplier les figures, les yeux, dans un espace restreint, c'est renforcer le sens expressif de la composition. Or qui le fait plus que Burne-Jones et son école ? Regardez ses *Jours de la Création*, toutes ces têtes pressées derrière l'ange au globe ; regardez son *Miroir de Vénus* et sa *Tête horrible*, ce ne sont que des prétextes à doubler, par le moyen des reflets, le nombre des visages. Regardez l'*Acrasia* de M. Strudwick, toutes ces figures de femmes étranges apparaissant derrière des feuillages, trouant la futaie pour contempler curieusement le chevalier endormi… Et cette guirlande de figures, de figures sans corps rangées aux fenêtres lu Paradis dans le *Rempart de la maison de Dieu*. C'est là encore le procédé de M. Spence dans *Rosa Mystica* et de bien d'autres… Levant toutes ces faces sans soutiens apparents, ces miroirs d'âmes sans mains qui les supportent, on a l'impression étrange qu'évoque le poète :

Les anges le suivaient de leurs millions d'yeux…

et l'on comprend combien d'artifices il a fallu pour obtenir cette impression fascinatrice au prix des lois de la composition. On saisit enfin le grand trait d'un tableau anglais : la suggestion, et l'on voit tout subordonné à ce trait. Pas de gaîté, de la noblesse ; pas d'agitation, du calme ; pas de groupement, de la juxtaposition ; pas de verve, de l'intention ; rarement du réel et du vécu, toujours du voulu et du pensé. L'idée que l'art est une chose sérieuse nous pénètre et nous garde. En entrant dans une galerie anglaise, nous pensions nous distraire de la vie : nous n'avons échappé qu'à ses futilités et à ses faciles traverses, mais ce qu'elle a de douloureux nous est apparu malgré nous. Venant chez des peintres, nous pensions voir un décor : ils nous ont conté un drame. Regardant une statue, nous croyons jouir de ses formes immortelles : elle a ouvert la bouche et elle a prophétisé... Nous sommes comme le garçon de noces de Coleridge ; il se rendait à une fête, à une fête des yeux, à une fête du cœur, mais il a rencontré un vieux marinier, aux regards brillants, qui l'a forcé de s'asseoir sur un banc de pierre et d'écouter la leçon terrible de l'Albatros... Nous l'avons donc entendue, cette sombre histoire, et nous sortons de la galerie sinon plus distraits, du moins plus riches de pensées, sinon plus enthousiastes des formes extérieures, au moins plus disposés à regarder en nous-mêmes et, comme le garçon de noces de Coleridge, « plus tristes, mais plus sages. »

II

Nous venons de considérer le dessin et la composition d'un tableau anglais, et nous avons trouvé qu'ils nous offrent trois caractéristiques bien marquées : l'intimité de la donnée, la particularité du geste (ou au moins l'intensité de l'expression) et la noblesse de l'attitude, que cet art diffère ainsi de notre art académique en ce que le geste est particulier et de notre art réaliste en ce qu'il est noble. Nous allons voir, en étudiant sa couleur et sa facture, comment il diffère encore de tous les deux.

L'idée anglaise de la couleur, c'est qu'elle doit être éclatante, *bright colour*[4]. Voilà encore, avec la particularité du geste, un legs des préraphaélites. Avant eux, on la préférait atténuée, *subdued*, ou même brune, le ton cher aux vieux maîtres, disaient les « connoisseurs » du temps de Reynolds. Ruskin mille quelque part « cette idolâtrie pour la terre d'ombre, de sir George Beaumont et de ses pareils, le système du : « Où allez-vous mettre votre arbre *brun* ? » ce code des premiers plans colorés au violon de Crémone, du vernis brun et du bitume, et toute cette vieille science de hibou, qui, comme le pinceau de la douleur, de Young,

Trempé dans la mélancolie, rembrunit tout.

Plus tard, en 1856, lorsque les lueurs crues du pré-raphaélisme n'ont pas encore entièrement dissipé la jaunisse classique, il se plaint amèrement que « la couleur moderne soit en général éminemment sombre, tendant continuellement au brun et au gris et constamment falsifiée par les meilleurs peintres, fiers de réaliser ce qu'ils appellent des teintes chastes et atténuées, de telle sorte que, tandis que le moyen âge peint son ciel d'un bleu brillant et son premier plan d'un vert clair, qu'il dore les tours de ses châteaux, et revêt ses figures de pourpre et de blanc, nous autres nous peignons notre ciel gris, notre premier plan noir, notre feuillage brun, et nous estimons avoir assez sacrifié au soleil, si nous avons toléré le dangereux éclat d'un manteau écarlate ou d'une jaquette bleue [5]. » Cent fois le fougueux esthéticien revient à la charge contre le brun « cette caractéristique de toutes les fausses écoles de couleur. » Cent fois il adjure les peintres anglais de marcher hardiment vers les tonalités franches, claires, éclatantes, et comme il sent bien qu'il ne sera pas appuyé par le public britannique s'il dit seulement que la couleur vive est vraie, ou qu'elle est belle, il s'avise qu'elle est morale, qu'elle est d'institution divine, et qu'elle est prescrite par les livres saints. « Dieu lui-même a employé la couleur dans sa création, comme l'invariable accompagnement de tout ce qui est le plus pur, le plus innocent et le plus précieux, tandis qu'aux choses utiles seulement à des usages matériels ou dangereux, les couleurs communes ont été départies. Considérez pour un instant ce qu'il adviendrait du monde, si toutes les fleurs étaient grises, toutes les feuilles noires et le ciel brun… De plus, observez que les choses innocentes sont constamment d'une couleur éclatante. Regardez le cou d'une colombe, et comparez-le au des gris d'une vipère. J'ai souvent entendu parler de serpents brillamment colorés, et je suppose que de même qu'il y a de gais poisons, par exemple la digitale et la kalmie, de même il doit exister de ces serpents qui sont les symboles de la déception. Mais tous les reptiles venimeux que j'ai réellement vus sont gris, rouge-brique, ou bruns, diversement marbrés, et le plus terrible de ceux que j'ai aperçus, l'aspic égyptien, est précisément de la couleur du gravier, ou seulement un peu plus gris. De même, le crocodile et l'alligator sont gris, mais l'innocent lézard est d'un vert splendide. Je ne prétends pas que la règle soit invariable, autrement elle emporterait plus d'évidence qu'aucune des leçons de l'univers physique ne fut jamais destinée à en porter ; il y a de belles couleurs sur le léopard et le tigre, et dans les baies de la belladone… Mais regardez l'ensemble de la nature et comparez généralement les arcs-en-ciel, les levers de soleil, les roses, les violettes, les papillons, les oiseaux, les poissons rouges, les rubis, les opales, les coraux, avec les alligators, les hippopotames, les lions, les loups, les ours, les pourceaux, les requins, les limaces, les ossements, le brouillard, et la masse des choses qui corrompent, qui piquent, qui détruisent, et vous sentirez alors comme la question se pose entre les coloristes et les clair-obscuristes, lesquels ont la nature et la vie de leur côté, lesquels ont le péché et la mort [6]… »

La réaction ainsi produite par Ruskin et ses amis contre la *subdued colour* a dépassé de beaucoup le juste milieu où se tiennent les grands coloristes. Avant, on s'arrêtait trop au *subdued* ; maintenant l'on va trop au *bright*. M. Ph.-G. Hamerton reconnaît que « les préraphaélites sont extrêmement sensibles à la force des couleurs, mais insensibles aux douces modulations des teintes sobres. » On peut dire cela de tous les maîtres qui sont venus après eux, soit des néo-préraphaélites comme Burne-Jones, Strudwick, Richmond, Rooke, soit des artistes indépendants du mouvement, comme Walker, et même, dans certaines de ses toiles, Herkomer. M. North remarque avec raison que les peintures de Walker ont, même dans les ombres, un tel éclat qu'on dirait qu'elles exhalent au crépuscule la chaleur d'un long jour d'été, et M. Quilter, pour mieux préciser, vis-à-vis de nous, le caractère des œuvres de Walker et de Pinwell, note qu'elles étaient « au rebours de l'influence française, fondées sur la *couleur* au lieu de l'être sur la *valeur*. » Ce mot fixe leur ligne d'horizon. Ce que les Anglais appellent faire de la couleur, c'est proprement oublier la loi des valeurs, le rapport des tons et tout ce qui, en établissant des gradations entre deux teintes, prépare l'œil à passer de l'une à l'autre, sans être blessé. On ne voit jamais apparaître dans leurs critiques l'idée de finesse, ni l'idée d'harmonie, mais toujours l'idée de vigueur. Qu'on se souvienne du succès qu'a eu, à Londres, la Doré's Gallery ! Peu importe que ce soit dur, si c'est fort, et que ce soit faux, si cela brille ! Ruskin admet que l'on sacrifie toute la ressemblance de la nature à la *brilliancy* de la couleur. Les maîtres actuels sacrifient tout en effet et n'obtiennent pas grand'chose en échange. Les couleurs de Madox Brown et de Hunt feraient pousser des cris chez nous ; telles toiles de Millais de même ; tout l'œuvre de Watts, sauf sa *Psyché* de South Kensington, pareillement. À de très rares exceptions près, les couleurs de Burne-Jones ont un éclat faux qu'on qualifie là-bas de *richness*, mais qui, de ce côté-ci de la Manche, paraîtraient simplement du chrysocale. Au-dessous de ces maîtres, la virulence des tons devient tout à fait insupportable.

Au dire de Napoléon, les Anglais ne s'aperçoivent jamais s'ils sont battus. Cependant quelques-uns d'entre eux ont comme une obscure intuition que ce n'est point là le dernier mot du coloris, et M. Poynter, après avoir reconnu, sur ce point, la supériorité de l'école française, met en garde ses élèves contre cette splendeur de mauvais aloi, *spurious brilliancy*, que cherchent, au détriment de la vérité, des commençants, et même, ajoute-t-il, « des peintres expérimentés ». Et ailleurs, dans ses conférences d'Oxford, il parle des « crudités et des absurdités » de l'école anglaise. Mais ce n'est là qu'une voix dans la foule. Toutes les autres, et les plus grandes, acclament la *bright colour*. Si vous hésitez à admirer quelqu'une de ses plus étranges applications, c'est que votre goût est absurde ou votre logique en défaut. « Tous les grands maîtres ont peint en *bright colour*, vous explique M. Millais ; ils ont peint dans cette tonalité qu'il est de mode de décrier comme crue et vulgaire, sans réfléchir que ce qu'on applaudit chez ces vieux maîtres est purement le résultat de ce qu'on condamne chez les contemporains. Prenez par exemple le *Bacchus et Ariadne* du Titien, à la National Gallery, avec sa splendide robe rouge et son riche gazon brun. Vous pouvez être assuré que le peintre de cette éclatante robe rouge n'a jamais peint en brun son gazon. Il a vu la couleur et l'a représentée comme elle était, perceptiblement verte ; seulement elle s'est changée avec le temps en cette belle couleur moelleuse qui est maintenant la sienne. Cependant il est, de nos jours, beaucoup de gens qui ne veulent pas voir un tableau où il entre du vert. Il y a même des amateurs qui, en faisant une commande à un artiste, stipulent que la toile n'en contiendra pas un atome. Pourtant le Dieu tout-puissant nous a donné le vert, et, vous pouvez l'en croire, c'est une belle couleur [7] !... »

Certes il n'y a rien d'invraisemblable dans l'hypothèse de l'éminent académicien. Seulement, si elle contient un aperçu critique destiné à éclairer bien des choses lorsqu'on parle des maîtres anciens, on ne saurait y trouver, à aucun degré, la justification de l'école anglaise moderne. Car si le Titien a fait son gazon vert, et si ce vert a passé, nous pouvons augurer, d'après toutes celles de ses couleurs qui ont tenu, que ce vert était juste et non faux. Et, au contraire, si, d'aventure, les herbes vertes du *Royaliste proscrit* devenaient brunes dans deux ou trois cents ans, il resterait encore assez de fausses touches dans la toile de sir John Millais pour donner à penser que son vert était criard, comme il l'est en effet. C'est que la question n'est pas dans le degré d'intensité des tons, mais aussi et surtout dans leur degré de justesse. Les couleurs des Anglais ne nous choquent pas tant parce qu'elles sont vives que parce qu'elles sont fausses et que le rapport des teintes est manqué. Nous croyons volontiers que les tableaux du Titien, encore sur le chevalet, étaient fort montés de ton, mais ces tons étaient justes les uns par rapport aux autres, j'entends que chaque couleur jouait vis-à-vis de ses accompagnatrices le même rôle que la couleur correspondante dans la nature. Car le Titien pouvait faire l'ensemble de son tableau plus sombre, plus clair, plus rouge, plus jaune que l'ensemble de la nature, mais au moins s'inquiétait-il que les intervalles de tons qui sont dans la nature se retrouvassent exactement observés dans la tonalité qu'il avait choisie. Il y avait peut-être différence de gamme, il n'y avait pas fausse touche ; transposition, mais non cacophonie. Et pour prendre un exemple plus modeste mais peut-être plus frappant, les paysages de M. Normann, représentant les fiords de Norvège, ne nous ont pas choqués, bien que très violents, parce que nous les trouvions concordants dans toutes leurs parties. La nature aussi nous montre des tons violents et s'amuse parfois à peindre en *bright colours*. Dans la vallée du Dauphiné où j'écris ces lignes, ou plein automne, les bois bariolés de mille façons offrent une juxtaposition immédiate des couleurs les plus crues et les plus dissemblables, car c'est le moment où les arbres dépouillent leur livrée uniforme d'été, la livrée verte, qui les faisait tous se ressembler, et apparaissent chacun dans le costume éclatant qui lui est propre et qui révèle au loin son essence. Sur le fond noir des chênes qui ne se rouillent pas encore, les marronniers étendent au soleil leurs larges feuilles d'or qu'on dirait touchées par un céleste enlumineur. Les hêtres s'habillent d'écarlate, les acacias de blanc, les sorbiers de jaune orange. Sur les coteaux bleus, les peupliers d'un or plus pâle se dressent dans la lumière comme des flambeaux sur un autel, au matin d'une fête. Çà et là, les vernis du Japon incendient le bois de leurs flammèches rouges, parmi les pins qui ne savent pas vieillir, et la pourpre des vignes vierges tranche ardemment sur le lierre obstinément triste et obstinément vert. La chaude journée finissante allume et irrite toutes ces couleurs contraires. Les branches nettement profilées sur le couchant appliquent à ce fond rouge des arabesques noires. Chaque feuille de chêne se distingue, et sa découpure se lit clairement sur le ciel. C'est un paysage dont Corot dirait avec douleur : « On voit tout ! Allons-nous-en ! » Cependant, si durs que soient ces contours, si crus que soient ces tons, ils forment un merveilleux ensemble. C'est qu'ils s'accordent entre eux et que le soleil, de son large pinceau, les fond à mesure qu'il les touche, et en même temps qu'il les avive, les unit. Saisir cette synthèse, appliquer cette concordance, c'est proprement faire œuvre de coloriste. Jusque-là on n'a fait qu'œuvre de collectionneur.

Les Anglais collectionnent des couleurs violentes et ne les harmonisent pas. Cela tient un peu à l'éducation de leur œil par les objets qui les entourent dans le milieu coloré où ils vivent. Londres, ville ensevelie presque toute l'année dans le brouillard, offre très peu de couleurs mais celles qui s'y trouvent ne s'en détachent que mieux sur l'uniformité des tons gris et détonnent aigrement. Sur le noir des maisons enduites de suie et des palais qui ressemblent à des prisons, flamboient le rouge cru des uniformes des soldats, le rouge intransigeant des boîtes à lettres, le rouge viné des cireurs de bottes, le rouge laque des parasols et des affiches d'omnibus. Ces omnibus bariolés d'annonces vertes, jaune canari, écarlates, roulent à travers la ville comme des palettes ambulantes qui déroutent et exaspèrent le sens de la couleur. S'il vient un rayon de soleil, les lointains bleuissent très vite. A cent mètres un paquet d'arbres est azuré ; à trois cents, les ombres d'un portique, d'un de ces portiques bâtis par les frères Adam, se remplissent de violet et une rangée de maisons prend l'aspect d'un palais de fées. Du pont de Saint-James's Park, les bâtiments de Whitehall apparaissent au bout des eaux du petit lac comme un rêve. On croit voir le château que les géants Fasolt et Fafner bâtirent jadis pour les Dieux avec l'or du Rhin : c'est un ministère rempli de dossiers. Et pourtant les premiers plans ont à peu près toute la valeur qu'ils ont chez nous. Un ouvrier, un soldat qui passent, s'enlèvent en noir, en rouge, durement, sur ce brouillard coloré. Le fond étant plus faible, le premier plan semble plus fort. Il n'y a aucune relation, aucune transition entre les deux. Le choc violent de ces deux tonalités déconcerte la vue et fait perdre la notion des rapports. — Les peintres sortent-ils des brouillards de Londres et vont-ils en Ecosse, par exemple, pour y chercher la couleur : la transition est trop brusque. Ils ont un éblouissement. M. William Black l'avoue implicitement lorsqu'il dit : « Certainement l'intensité des couleurs qu'on trouve dans les Highlands, spécialement quand le temps est changeant, la blancheur éblouissante des nuages, l'éclat pourpre des îles, dans l'ombre, l'éclat brûlant de la lumière solaire sur des galets d'un gris d'argent, le lichen jaune, les bruyères cramoisies et les ruisseaux couleur de thé, sont à la fois la joie et le désespoir du paysagiste et doivent provenir principalement de ce fait que l'atmosphère, au lieu d'être chargée de la brume d'un beau temps continu, est incessamment clarifiée par les rafales de l'Atlantique. Ceci doit aussi contribuer à l'intensité du bleu du ciel, qui est une sorte de bleu véronique et n'a rien de commun avec le bleu turquoise pâle des pays où règne un temps plus beau. » Et M. Walter Armstrong ajoute aussitôt : « Un automne passé dans un tel pays et passé non seulement en peignant mais aussi dans ces plaisirs virils qui induisent à la plus intime communion avec la nature, sont un bon correctif aux mois écoulés dans un atelier à Londres. » Mais M. Armstrong se trompe : le correctif est trop fort. Pour ces peintres qui vivent toute l'année dans un atelier noir, en face d'un ciel rayé de pluie dans une atmosphère telle que tous leurs tableaux doivent reposer sous verre, rien de pire que ces brusques excursions dans le soleil. Les couleurs aussi vives sur lesquelles ils se jettent aussi goulûment sont une nourriture trop forte pour leur imagination. — A plus forte raison s'ils vont en Provence, en Italie. Devant ces trésors de lumière, ils chancellent éperdus. On dirait des gens économes qui gèrent avec entente leur petit avoir et auxquels il tombe tout à coup un colossal héritage d'un oncle d'Amérique : éblouis, ils perdent la notion des valeurs. Ils gaspillent des millions, eux qui économisaient des deniers. Lorsqu'on se promène sur la route de la Corniche et qu'on voit quelque Anglais en train de peindre, c'est ordinairement avec de l'outremer, du cadmium, des laques, du vert émeraude... Le plus souvent son tableau est bariolé de couleurs dix fois plus éclatantes que celui de son voisin, le Français. C'est toujours là le compatriote de Turner qui, mourant dans une mansarde de Chelsea, murmurait, les yeux tournés vers le couchant, pour toute pensée dernière, et pour tout adieu aux hommes et à la vie : « Le soleil est Dieu ! »

Mais le manque d'harmonie chez eux ne vient pas seulement de cette esthétique de Guèbre, de cet éblouissement causé par une transition trop brusque entre le milieu noir où ils vivent et le milieu éclatant où ils vont chercher la couleur. Il vient surtout d'une disposition générale de leur esprit qui les éloigne de toute synthèse. M. Farrar, voulant excuser le bleu cru des ombres que M. Hunt a mises dans son *Troupeau abandonné*, raconte qu'un jour, en se promenant avec Ruskin dans le parc de Denmark Hill, le grand esthéticien prit un morceau de carton, y fit un trou avec une épingle et pria son compagnon de regarder au travers de quelle couleur lui paraissaient les ombres portées des arbres, sous le plein rayonnement d'un soleil d'été. Ce carton est un symbole. Car les Anglais examinent chaque couleur par un petit trou, l'une après l'autre, sans aucune considération de la couleur d'à côté, ni de l'effet d'ensemble. Ils font un tableau en le commençant par un bout, en le finissant par l'autre, sans savoir et sans s'inquiéter si le bout qui terminera l'œuvre concourra au même effet que celui qui la commence. Ils n'y mettent pas d'air qui relie l'ensemble des différents plans, pas de tonalité générale qui les apaise, les enveloppe et les allie. C'est un spectre solaire, ce n'est pas un objet ensoleillé. On pourrait donner pour devise à cette peinture analytique : « Plus de couleurs que de couleur ! »

Et, ici, nous touchons à une question de facture. Car on ne se figure pas à quel autre résultat pourraient arriver les Anglais avec l'idée très particulière qu'ils se font de la meilleure méthode d'appliquer la couleur. Sans doute cette méthode varie selon chaque peintre, mais elle peut être ramenée à un type général. Ce qui y domine, c'est l'horreur de la facture large, souple, facile, recouvrant le tâtonnement des premières couches, « dissimulant l'exécution. » Ce qui y est le plus proscrit, c'est la touche grasse, fluide, onctueuse, traînée sur la toile avec la brosse ou le couteau à palette (ou le doigt), — ce qu'ils appellent le *smcar*. « Il n'y a rien que je déteste tant, dit Watts, que l'apparence de la dextérité, qui est le trait marquant de l'école française actuelle. Un tel appareil de virtuosité vient de la vanité de l'artiste et sert seulement à détourner le spectateur du principal sujet. » Voilà pour ce qui est de « dissimuler l'exécution ». Quant à la touche grasse, la condamnation est plus explicite encore. « Jusqu'après le temps de Van Dyck et je pourrais presque dire de Rubens, vous ne trouverez jamais de barbouillage, *smear*, — cette caractéristique de tant d'œuvres françaises… Vous n'en trouverez jamais une trace dans mes tableaux ou, si vous en trouvez, vous pouvez être sûr que c'est que j'ai voulu l'effacer, avec l'intention de le repeindre. » Cette déclaration de guerre à la facture française n'est pas spéciale à Watts. Elle est de tous les maîtres anglais et signée de chacun de leurs coups de pinceau. L'horreur du *smear* les a conduits à une facture extraordinaire, qui a du moins cette qualité qu'elle est bien à eux et que personne ne songera à la leur prendre. Aussi quand M. Harry Quilter nous dit que « la facture de Hunt est la négation absolue de toutes les théories françaises, » nous ne pouvons que nous en féliciter. Sauf dans quelques tableaux de Leighton, d'Herkomer et d'Alma-Tadema, c'est presque partout une exécution lourde, petite, pénible, sèche, étroite, par touches drues, serrées, *tight*, où l'effort se sent, où la contrainte se devine, où la peine prise par le peintre se communique au regardant. Il semble qu'on voie une tapisserie laborieusement faite, dans l'exil, par un philosophe ou un mathématicien. On se redit les vers de *la Chanson de la chemise* ; Ce n'est pas de la toile, ce sont des vies humaines que vous portez là ! — Les Anglais le reconnaissent quelquefois. Dans une lettre écrite par Rossetti à Bell Scott, en 1859, on trouve ces mots très significatifs : « J'ai peint une figure à l'huile et j'ai fait un effort pour éviter ce que je sais être mon défaut habituel, commun d'ailleurs à la peinture préraphaélite, — le pointillisme des chairs. » — « il n'est pas suffisamment sensible au pouvoir de la brosse ; il semble trop souvent penser que si l'effet est juste, il importe peu comment il a été obtenu, » dit M. Walter Armstrong, de Millais. — « C'est étudié à l'extrême et, pour se servir d'un terme d'atelier, *tight*. Au point de vue du travail de la brosse, il a peu de mérite. Cela semble peint laborieusement morceau par morceau, » dit M. Quilter, de Hunt. —

Cela ne semble pas seulement : cela est. Dans leur admiration pour les pratiques des maîtres primitifs, les préraphaélites ont confondu les procédés de la fresque avec ceux de la peinture à l'huile et se sont mis à peindre Jours tableaux, bout par bout, ne s'attaquant à une partie que lorsque l'autre est complètement terminée et pour ainsi dire, *ne varietur*. — Nos jeunes symbolistes, qui ne tarissent pas de quolibets sur un ou deux de nos maîtres soupçonnés de peindre de la sorte, ne se doutent guère que c'est la pure méthode pré-raphaélite qu'ils persiflent ainsi. Ce l'est à ce point, qu'un commentateur autorisé de Ruskin, après avoir longuement exposé les théories du maître, en arrive à déclarer que « chaque masse doit être peinte, séparément et peinte en une seule fois, que voilà la parfaite et idéale manière de peindre un tableau » et, pour qu'on ne puisse s'y méprendre, il ajoute : « La parfaite méthode de peindre est donc de faire une mosaïque [8]. » Une *mosaïque*, c'est aussi le mot que M. Quilter croit le plus propre à faire comprendre ce qu'est la peinture de Hunt, — et il a raison. Une toile sur le chevalet de ce peintre a des parties entièrement finies et d'autres entièrement blanches. L'artiste achève une figure, puis passe à la suivante qui n'a encore que sa silhouette au crayon, sur le canevas nu. Lorsqu'il est parvenu au bout et qu'il n'aperçoit plus de blanc sur le canevas, le tableau est fait. Comment, maintenant, les couleurs mises dans un coin répondent-elles d'avance à celles qu'on mettra dans un autre ? Comment toutes ces figures qui ne sont pas nées, qui n'ont pas grandi ensemble, qui ne sont pas contemporaines, mais qui ont été successivement créées de toutes pièces, — la première remontant peut-être à trois ans, la dernière à peine embue, — se conviendront-elles, s'associeront-elles, se lieront-elles les unes aux autres ? On sent combien ce détail de facture réagira sur l'harmonie générale des couleurs et, par cette harmonie des couleurs, sur l'effet d'ensemble. On comprend que si l'on amène toutes les parties d'un tableau au degré de fini qu'on désire, graduellement, par couches successives, en repeignant, si besoin est, toute la toile dans la même gamme de couleurs, dans le même sentiment, en prenant garde qu'un ton trop vif à droite n'attaque un ton nécessaire à gauche, en modifiant, dès le début, tout ce qui, juste ou beau en soi, pourra nuire à telle ou telle couleur qu'on a posée ailleurs, on atteint plus aisément l'harmonie que si l'on pousse séparément chaque figure jusqu'à son dernier fini. Et ainsi l'on ne peut s'étonner si, lors même qu'elles sont justes en soi, les couleurs des Anglais ne s'accordent point entre elles, et, si ayant déjà manqué les grands contours du dessin, qui sont la synthèse des formes, ceux-ci manquent encore l'air, l'atmosphère, qui est la synthèse des couleurs.

D'où vient cette horreur de la facture large ? Encore du préraphaélisme et de sa tentative désespérée pour substituer le ton vif au ton chaud. En effet, dans la réaction des P. R. B. contre le brun, il n'eût servi de rien de chercher des couleurs éclatantes, s'ils avaient conservé l'habitude de les délayer copieusement, avec de l'huile d'abord, et ensuite, sur la palette, avec des essences. Car plus il y a d'huile dans un tableau, plus il noircit. Beaucoup d'amateurs l'ignorent et s'obstinent à employer des couleurs très liquides ; mais les artistes le savent parfaitement, et M. Vibert a écrit avec raison que « toutes les essences font jaunir et noircir la peinture. » Il fallait donc, si l'on poursuivait la vivacité et la solidité de la couleur, proscrire jusqu'à un certain point la fluidité de la touche. Watts, particulièrement, s'est astreint à n'employer que des couleurs très sèches, à chercher le corps, *body*, aux dépens de la finesse, et tous ses confrères, à des degrés divers, comme Herkomer, ont suivi cet exemple. Assurément ils ont poussé trop loin les conséquences d'une idée juste, et, sans se noyer dans l'huile, ils eussent pu adopter une manière plus large et moins pénible. Mais cette peine et ce labeur ne choquent nullement un Anglais. Il y trouve plutôt la preuve du travail, de l'opiniâtreté, et l'assurance que l'artiste a bien gagné sa journée. Il sait d'ailleurs que cette peinture est solide ; que, par exemple, l'*Été* de Burne-Jones, peint en 1868, est, grâce à sa sécheresse, aussi clair aujourd'hui qu'au premier jour. Et, chez lui, l'idée d'intégrité commerciale l'emporte beaucoup sur l'idée de charme, de grâce et de fantaisie. Il se dit : « Cette couleur est désagréable, mais solide, intègre ; ce travailleur est consciencieux et moral. » Y a-t-il des fautes, il ne les regrette pas, se souvenant avec Ruskin que « les fautes sont les signes des efforts. »

Ensuite, cette facture, sèche mais nette, petite mais définie, où rien n'est baveux ni brouillé, permet d'apercevoir les plus menus détails, les plus infimes accessoires ; et, comme ces détails ont tous, dans un tableau anglais, une haute signification, renforce, s'il est possible, l'intellectualité du sujet. Quoi de plus intellectuel que les gravures d'Albert Dürer et quoi de plus sec ? On peut même dire que, jusqu'à un certain point, un sujet littéraire s'accommode mal d'une facture large, facile et savoureuse. Si Millais, dans son *Passage du Nord-Ouest*, avait peint son citron, son verre et sa lunette, comme Delacroix a peint son orange et les autres objets de premier plan d'*Une Noce juive au Maroc* (au Louvre) et son drapeau comme une loque de M. Louis Deschamps, il aurait fait un tableau bien meilleur, mais où l'on n'aurait vu ni le grog, ni la lunette, ni le drapeau, ni en un mot tout ce qui avertit qu'on est en présence d'un vieux navigateur et que la contraction qu'on lit sur son visage est provoquée par les souvenirs de son ancienne carrière. Si Hunt avait traité largement, comme Diaz, le fond de son paysage dans le *Berger mercenaire*, on n'aurait aperçu ni les loups courant sus aux moutons, ni ceux-ci franchissant la limite du pâturage pour aller brouter des blés verts qui leur sont pernicieux, ni l'oiseau de proie planant sur le troupeau, ni même l'espèce de papillon que tient la bergère et qui est d'un funeste présage : on n'aurait vu qu'un paysan courtisant une paysanne, et toute la signification morale de la parabole eût été perdue. Pour la sauvegarder, il fallait peindre avec précision, avec définition, c'est-à-dire avec sécheresse, tous ces détails, même à l'arrière-plan. Et ainsi, à mesure que l'idée devenait plus précise, la couleur devenait plus dure et la touche plus mesquine. C'est là le résultat de l'art suggestif. Quand on ne veut rien perdre de la conception intellectuelle d'un tableau, on s'oblige à respecter outre mesure les détails du dessin. Si une touche heureuse emporte la ligne, brouille les détails, on ne saisit plus aucun sens. Car le dessin est ce qu'il y a de plus intellectuel dans un tableau, comme la couleur ce qu'il y a de plus sensible. C'est par les minuties de celui-ci qu'on fait entrer les idées dans les cerveaux, non par les jeux de celle-là. Du moment qu'une peinture est idéographique, elle se condamne à ne plus être hautement esthétique. Les rébus ne sont pas de l'art.

Nous pouvons nous faire maintenant une idée assez claire de le couleur et de la facture anglaises : brillante jusqu'à la crudité, définie jusqu'à la sécheresse. Mais s'il fallait un trait de plus qui servît à préciser leur opinion sur ce point, comme on dit qu'on peut juger les gens par leurs antipathies autant que par leurs préférences, nous demanderions ce trait à l'artiste qui bouleverse le mieux les théories et qui résume le plus complètement les antipathies d'outre-Manche, — à M. Whistler. Nulle œuvre ne choque les Anglais plus que celle du peintre américain. Ils veulent un sujet, légende ou histoire, et il ne leur donne qu'une *Harmonie* ; ils cherchent des gestes étudiés, et il ne leur offre pas même un contour ; des couleurs vives, et ses personnages se noient dans l'ombre ; une forte matérialité : *body*, et ils fuient insaisissables, ne montrant parfois que le bout de leur talon ; du détail superflu, et il ne leur fournit même pas l'ensemble nécessaire. Aussi l'exemple de M. Whistler a-t-il servi aux artistes anglais à fixer leur esthétique, et ce qu'on pourrait appeler leur jurisprudence de la couleur. Quand je parle de « jurisprudence », ce n'est point par métaphore. C'est bien devant les tribunaux anglais qu'a été jugée l'esthétique de M. Whistler, dans ce fameux procès contre Ruskin, qui, au dire de l'attorney général, a été « le plus grand amusement qu'ait jamais eu le public anglais. » On se rappelle peut-être les circonstances. C'était en 1878. M. Whistler introduisait, peu à peu, dans les ateliers l'idée qu'un tableau devait être une simple réunion de couleurs harmonieuses, la théorie de l'art pour l'art, et y acclimatait la facture française. Ruskin sentit le péril. De la même plume qui trente ans auparavant avait défendu les préraphaélites inaugurant un art national, il attaqua cette facture d'outre-Manche qui ne laissait voir aucun détail, qui ramenait aux bruns et aux gris d'autrefois, qui était la négation même de toutes ses théories, une insulte à toute sa vie. M. Whistler vouait d'exposer à la Grosvenor Gallery un *Nocturne en noir et or* qu'il qualifiait hardiment de « Feu d'artifice. » On n'y voyait rien. Ruskin ne put contenir son indignation. « Pour l'honneur de M. Whistler lui-même comme pour la sécurité financière de l'acheteur de cette toile, sir Coutts Lindsay (le directeur de la Grosvenor Gallery) n'aurait pas dû admettre dans la galerie cette chose où les idées informes de l'artiste ont approché de si près l'aspect d'une imposture. J'ai vu et entendu citer beaucoup d'exemples d'impudences de cockneys dans ma vie, mais je ne me serais jamais attendu à entendre un *coxcomb* demander deux cents guinées pour avoir jeté un pot de couleurs à la figure du public. » Sous cette injure et quelques autres, M. Whistler traîna devant les tribunaux l'auteur des *Modern Painters* et de *Sésame et les Lys*. Les 25 et 26 novembre, la cour de Westminster, sous la présidence de M. Huddleslon, fut saisie de cette question : savoir si la peinture de M. Whistler était, ou non, une mauvaise plaisanterie. Le jury fut très embarrassé. Jamais vraisemblablement, depuis Véronèse cité devant le tribunal de l'Inquisition, fait pareil n'avait été enregistré dans les annales de la Justice. On apporta des tableaux de M. Whistler devant la cour, et l'on entendit s'engager des dialogues comme celui-ci :

BARON HUDDLESTON. — Est-ce que cette partie du tableau, au sommet, représente le vieux pont de Battersea ? (*Rires.*)

LE TEMOIN. — Votre Seigneurie est maintenant trop près du tableau pour percevoir reflet que j'ai voulu produire à distance. Le spectateur est supposé regarder d'en haut la rivière en se tournant vers Londres.

On fit ensuite comparaître à la barre les maîtres de la peinture anglaise, et l'on entendit des dépositions de cette nature :

Me BOWEN. — Considérez-vous que le détail et la composition soient essentiels dans une œuvre d'art ?

M. BURNE-JONES. — Très certainement.

Me BOWEN. — Maintenant, quel détail et quelle composition trouvez-vous dans ce *Nocturne* ?

M. BORNE-JONES. — Absolument aucuns,

Me BOWEN. — Pensez-vous que 200 guinées soient un prix considérable pour cette peinture ?

M. BURNE-JONES. — Oui, lorsqu'on songe à la somme de travail consciencieux qu'on fait souvent pour beaucoup moins d'argent.

M. Frith, de la Royal Academy, fut aussi mandé : « Je ne considère pas le *Nocturne en noir et or* comme une sérieuse œuvre d'art, » dit-il. Le critique du *Times* fit la même déclaration. M. Whistler a réuni, par la suite, tous ces témoignages dans un opuscule qu'il a intitulé : « La Voix du peuple. » Le mot est très juste. Toute l'Angleterre suivit Ruskin dans sa lutte contre le peintre américain et contre la facture française. Et lorsque, après deux jours de débats extraordinaires, le jury, réprouvant la peinture de M. Whistler, mais se croyant obligé de défendre l'homme contre la diffamation, apporta solennellement un verdict condamnant Ruskin à *un farthing* de dommages-intérêts, une souscription publique fut ouverte immédiatement pour couvrir cette somme, — et aussi les 10 000 francs de frais qu'avait entraînés le procès. C'est qu'en effet le danger avait été public et la réprobation presque unanime. Le succès de M. Whistler eût été un retour offensif du brun et du *smear*. — « Quelques-unes des figures que l'artiste a exposées comme des harmonies sont de simples coups de brosses à couleurs », dit le *Scotsman*. « Il peint avec des couleurs de suie et de boue ; loin de se plaire aux couleurs primaires, il ne perçoit que peu ou point le charme des couleurs secondaires ou tertiaires, » dit la *Merrie England*. « Quelques *smears* de couleur comme un peintre pourrait en faire en nettoyant ses brosses sur sa toile, » dit le *Knowledge*. Ne croirait-on pas entendre Ruskin attaquer les peintres du commencement de ce siècle et montrer la nécessité de la minutie préraphaélite ? L'exemple de M. Whistler est donc précieux à retenir, et le souvenir de son procès fameux est utile parce qu'il met en lumière, résume et définit le goût britannique. Triomphant et nanti d'un *farthing* de dommages-intérêts, M. Whistler fut condamné par « la voix du peuple. » Ce jour-là, l'Angleterre esthétique témoigna qu'elle ne voulait point d'influence étrangère dans ses méthodes de peindre, qu'elle avait assez lutté pour parvenir à la couleur crue et à la facture sèche, qu'elle était fière de ces deux caractéristiques et qu'elle entendait les garder.

III

A quoi donc tend un art si singulier ? — Evidemment à autre chose qu'à réjouir les yeux. « L'art, dont la fin est seulement le plaisir, dit Ruskin, est surtout l'apanage des nations sauvages et cruelles (ornementations des Mores, des Arabes, des Indiens), tandis que l'art spécialement consacré à mettre en lumière des faits (comme celui des Primitifs) indique toujours un charme spécial, une particulière tendresse d'esprit. » — « Le plus grand art réalise la beauté, mais n'en fait pas sa fin principale, » ajoute M. Collingwood. La peinture anglaise a donc un but qui éclaire ses singularités, une idée de derrière la tête ou de derrière la toile, qui explique ses défauts, un programme qui n'est pas celui de nous montrer de beaux torses et de riches draperies, et l'on se convainc, en regardant les œuvres de ses maîtres, comme en lisant celles de ses critiques, que ce but extra-esthétique occupe une place considérable, — la première peut-être, dans leurs préoccupations.

Ce but est d'abord de s'adresser à toutes les facultés de l'homme : esprit, intelligence, mémoire, conscience, cœur, et non pas seulement à cette faculté de notre être qui voit, qui s'émeut par la vue et qui imagine. « L'art, dit Mme Barrington, doit élever par sa suggestivité, à une vue plus complète des conditions humaines que ne peut le faire la vie banale de tous les jours » et Ruskin dit que « l'art absolument parfait révèle l'homme tout entier. » Pour cela, il faut que l'artiste soit lui-même une intelligence complète. Il l'est. Vous ne trouvez pas, chez les Anglais, le grand artiste intuitif, ouvert aux sensations et aux sentiments de formes et de couleurs, fermé à tout le reste ; du moins vous ne le trouvez plus. Turner et Walker l'ont été. Mais aujourd'hui tous les peintres de valeur sont semblables aux artistes poètes William Blake, Bell Scott, Rossetti, pour l'étendue de leurs connaissances et de leurs sympathies. William Morris, le tapissier et le faiseur de vitraux, est présentement le plus grand poète de l'Angleterre et l'un des chefs du parti socialiste. Leighton parle toutes les langues. Burne-Jones, qui a passé par Oxford, est un exquis érudit de littérature légendaire. Watts est un philosophe. Hunt un exégète, Alma-Tadema un archéologue. Poynter fait des conférences comme autrefois Reynolds. M. Stephens et le regretté Ph. G. Hamerton ont toujours mieux écrit qu'ils n'ont peint. Millais et Herkomer expriment tous deux très brillamment des idées générales sur tous les arts et le dernier les a professées en chaire à Oxford. On est frappé, en causant avec quelques-uns de ces maîtres, de leur supériorité de culture sur la plupart de nos maîtres français. Toutes les questions qui s'agitent dans le monde ont un écho intelligent dans ces ateliers. Tous les souffles qui passent sur les foules font vibrer plus particulièrement ces âmes d'artistes. Lorsqu'on ne fait pas de peinture dans le *studio* du M. Cl... on y fait des conférences théologiques, et lorsque la *Belle Dame sans merci* ne se promène plus dans le jardin fleuri, parmi les rhododendrons de M. H. II... à Hampstead, c'est M. Gladstone qui vient y prononcer un discours sur le *Home rule*. De tels artistes peuvent agir sur toutes nos facultés parce que toutes les leurs sont agissantes, et beaucoup nous enseigner parce qu'eux-mêmes ils ont beaucoup appris.

Ce qu'ils nous enseignent, c'est avant tout l'idée de travail.

L'improvisateur qui fait un cheval ou une *Harmonie* en deux jours comme Fromentin ou M. Whistler, et qui en demande 200 guimées sous prétexte qu'il s'y prépare depuis trente ans, est extrêmement rare chez les Anglais. La plupart de leurs artistes se ressemblent par leur dédain du succès facile, leur ténacité à la besogne, leur détermination à ne pas se tenir pour satisfaits tant qu'ils sentent encore en eux quelque chose de meilleur que dans leur œuvre, je dirais leur conscience, si ce mot, le plus beau qu'on puisse dire d'un homme, n'avait point perdu de sa valeur par l'abus qu'on en fait en l'appliquant chaque jour à des artistes qui en manquent totalement. Madox Brown a mis quatre ans à faire sa *Fin de l'Angleterre* qui ne contient que deux figures, et quinze ans à peindre les fresques de la salle de ville à Manchester. M. Hodgson dit de Walker qu' « aucun artiste n'a jamais gémi comme lui dans les affres de la production. Il faisait peine à voir. » Hunt, nous l'avons vu, a dépensé toute une vie de continuel labeur à quelques petites toiles, — ce qu'un de nos peintres expose en une année au Champ-de-Mars ou au club. Watts en a peint des centaines, mais il les garde dans son atelier, estimant que, sur ce nombre, deux seulement n'ont pas besoin de retouche. Burne-Jones a mis sept ans à concevoir et à exécuter sa *Briar-Rose*, qui compte, il est vrai, quatre panneaux contenant chacun plusieurs figures. Sa *Roue de la Fortune*, dessinée en 1871, ne fut pas commencée de peindre avant 1877, ni terminée avant 1883. Il faut lire M. Hamerlon et ses récits de campement dans les *moors* du Lancashire pour se figurer la peine et le temps que dépense un pré-rapliaélite pour étudier sur place, et brin par brin, une touffe de fougère. Dans sa hutte de bois et de toile enduite de goudron, qui précéda de dix ans la *roulotte* fameuse de M. de Nittis, M. Hamerton eut à supporter le froid, l'humidité, les rafales, la curiosité des paysans qui venaient, croyant lui voir exécuter des tours, les attaques des chasseurs de nuit, les sottes questions des hobereaux du voisinage et cela pendant des mois. Ce même désir d'exactitude a inspiré à M. Boot l'idée de peindre ses vues d'océan et de rivières, à bord d'un bateau-atelier aménagé de façon à aller en mer et en eau douce, qu'il a nommé le *Thétis* et dont les voyages sont fameux parmi les artistes anglais. Alma-Tadema produit beaucoup, il est vrai, mais en professant et en prouvant par son exemple que rien ne se fait sans peine et en ne gardant, pour son œuvre propre, aucune indulgence. Si un morceau qui lui a coûté mille efforts lui paraît inutile ou dangereux : « L'art vit de sacrifices ! » dit-il, et il gratte le morceau. Si l'œuvre entière ne lui paraît pas bonne, il la détruit, sans hésitation, avec une vaillante fantaisie. En 1859, un de ses tableaux envoyés à l'Exposition de Bruxelles fut refusé par le jury. Cela représentait un incendie. Il pria ses amis de venir voir cette toile dans son atelier, de la trouer et de passerait travers comme par une porte. Il donna lui-même l'exemple, en sautant, tête première, dans les flammes de son tableau. Cette boutade n'est pas sans vaillance. Elle nous montre la nécessité de l'effort, le prix de la constance, la puissance de la volonté. C'est le premier enseignement delà peinture anglaise.

Elle en comporte d'autres, de nombreux et d'utiles, sur les phénomènes de la nature, les faits de l'histoire et le sens de la vie. « Tout grand art est plus ou moins didactique, » dit Ruskin, et encore : « Pour le peuple, l'art doit être didactique, comme but principal. » Nous avons là l'explication et, jusqu'à un certain point, l'excuse de ces détails poussés jusqu'à la minutie, de ces accessoires prodigués au prix de l'effet d'ensemble, qui encombrent la plupart des peintures anglaises. Ils sont destinés à nous instruire. Ce n'est point pour tirer vanité de son savoir-faire, de son adresse, de sa virtuosité, que le peintre anglais étudie chaque détail de sa fleur ou de son rocher : c'est pour que nous ne confondions pas un dicotylédone avec un monocotylédone et un terrain granitique avec un terrain schisteux. On se souvient qu'un des premiers P.-R.-B., Collins mit dans un de ses tableaux un *Alisma plantago* qui gagna les botanistes à sa cause. M. Chesneau nous a raconté l'histoire d'un savant fort étonné de trouver dans un musée de zoologie un tableau de Hunt, le *Berger mercenaire*, et fort ému d'y reconnaître, au premier plan, le papillon sphinx tête de mort admirablement représenté, un *Geranium robertianum* et d'autres plantes peintes avec tant de précision scientifique que cette toile aurait pu servir à une leçon d'histoire naturelle… « Ainsi, dit Ruskin, la question de savoir si l'on préfère un tableau fini ou non fini n'est pas du tout une question de goût : c'est simplement la question de savoir si l'on veut voir juste ou faux, et ceux que leur inclination conduit à préférer l'obscurité à la lumière, l'illusion au fait, feraient mieux de s'adonner à toute autre chose qu'à l'art. » Pour lui, il n'hésite pas à déclarer que l'enseignement scientifique des lois de l'univers ou des faits de l'histoire doit être le premier but du peintre. Il ne fait aucun cas d'un premier plan de Téniers qui ne nous apprend rien sur la constitution géologique du sol, ni sur les feuilles des plantes qui y poussent, ni sur l'ordre des architectures ruinées qui y gisent : « Je ne vois pas, dit-il, quelle peut être la différence entre un maître et un novice, sinon le pouvoir de rendre les vérités plus délicates dont je parle en ce moment. Car manier librement la brosse et peindre du gazon, des herbes, avec assez de soin pour satisfaire les yeux, sont des qualités qu'une ou deux années d'études peuvent donner au premier venu. Mais retracer sur le gazon et les plantes ces mystères d'invention et de combinaison par lesquels la nature s'adresse à l'intelligence, rendre la fissure délicate et la courbe descendante et l'ombre ondulée de la terre éboulée, d'un doigt léger et précis comme la touche de la pluie elle-même, découvrir dans tout ce qui apparaît de plus méprisable et de plus insignifiant un témoignage nouveau de ce que fait le pouvoir divin « pour la gloire et pour la beauté », le proclamer et l'enseigner à ceux qui ne regardent, ni ne pensent, voilà qui est, en même temps que le domaine particulier d'un esprit supérieur, le devoir précis qu'en attend la Divinité. [9]. »

Ce dernier trait nous découvre le fond de la pensée anglaise. Si l'art doit être didactique, ce n'est pas comme fin dernière, c'est parce qu'il doit, en nous apprenant par le menu combien est admirable la création, nous élever à l'adoration du créateur. Ruskin, déjà un vieillard, écrivait le 16 septembre 1888, à Chamouni : « Tout ce qui est contenu dans l'expression passionnée de ma jeunesse fut manifesté et concentré dans cette formule donnée, il y a vingt ans, au début de mes conférences d'Oxford : « Tout grand art est adoration ! » Watts, critiquant Haydon, déclare que « tout art qui a eu un réel et durable succès a été le vulgarisateur de quelque grand principe d'esprit ou de matière, de quelque grande vérité, de quelque grand paragraphe du livre de la nature » ; et Hunt précise ce but en disant : « Je crois que toute personne éclairée, qui va dans un musée et qui s'y familiarise avec le témoignage des liens dans l'ordre de la création, et de leur relation avec les faits les plus anciens et les plus nouveaux, sent instinctivement s'accroître en elle la certitude de l'existence du créateur, de sa grandeur, de sa toute-puissance à faire régner un jour l'amour et la justice ! » Ceux mêmes qui n'assignent pas à l'art un but aussi nettement religieux lui en assignent un moral, croyant avec Blake que « si vous voulez dégrader l'humanité, le plus sûr moyen c'est de dégrader les arts tout d'abord. » On a discuté *ad nauseam*, dit l'un de leurs critiques, pour savoir si l'on devait proscrire comme immorales les figures de Burne-Jones parce qu'elles ont une expression *pessimiste*. D'un bout de l'échelle à l'autre, les grands artistes anglais admettent que le peuple entier attend d'eux une prédication et un exemple de moralité.

Mais si ce but est très beau, il apparaît d'abord comme assez chimérique. Le peuple entier n'est ni artiste, ni matériellement à même de jouir des œuvres d'art. — Il doit l'être, et c'est ici que se fait jour la conception la plus originale que les Anglais contemporains se font de l'art, de sa production et de son utilité. Suivant eux, suivant Ruskin, Burne-Jones, William Morris, Walter Crane, Richmond, Holiday et tous les néo-préraphaélites, il faut précisément que la démocratie entière prenne part aux plaisirs infinis et moralisateurs que procure l'esthétique. L'art, selon leurs principes, doit être à la fois très noble et très populaire : il doit dire les choses les plus élevées et les dire à tous. Il doit élever l'homme qui le produit, c'est-à-dire tout le monde, parce qu'il doit être produit par tout le monde, et il doit élever celui qui en jouit, c'est-à-dire tout le monde, parce que tout le monde est appelé à en jouir. « L'art, dit William Morris, ne doit pas vivre isolé et exclusif, et c'est une honte pour un honnête artiste de jouir de ce qu'il a réalisé pour lui-même, comme ce serait une honte, pour un homme riche, de demeurer et de manger copieusement au milieu de soldats mourant d'inanition dans un fort assiégé. » Mais comment un ouvrier, un menuisier, un maçon, un tisseur, se donnera-t-il des jouissances artistiques ? D'abord en faisant œuvre d'art, répondent les Anglais. Mais il n'est nullement pour cela nécessaire qu'il devienne un peintre ou qu'il entre dans un orphéon. Il faut seulement qu'il donne un tour esthétique à son métier, à l'humble ouvrage qui lui est confié. « Le développement des classes inférieures ne doit pas être entrepris par le mauvais bout, en donnant aux ouvriers des musées et des concerts, mais en restituant aux arts leur rôle primitif, en s'efforçant de rendre les demeures, les habits, les ustensiles, les meubles, tous les outils de la vie, à la fois utiles et beaux pour tous. Qu'est-ce qu'un artiste, sinon un ouvrier qui est déterminé, quoi qu'il arrive, à faire une œuvre excellente ? Et qu'est-ce que la décoration d'un meuble, d'un travail quelconque, sinon l'expression du plaisir qu'a pris l'homme dans le succès de son travail ? » Aussi William Morris voudrait-il que l'on donnât à tous les ouvriers des notions de dessin, non pas d'ailleurs l'art de dessiner proprement dit, mais des moyens vers cette lin : une capacité générale dans la conduite des arts. Si cela ne suffit point pour obtenir d'eux un travail esthétique, il faut que les artistes s'y mettent à leur tour, ne rougissant pas d'appliquer leur génie à la courbe d'un dossier de chaise ou à la décoration d'un poêle. Cette collaboration profite à tous les deux, car « l'artiste qui ne sait pas faire œuvre de ses mains finit par oublier totalement les conditions de la matière qu'il est censé dominer et réalise une œuvre faible, et l'ouvrier sans idéal d'art ne produit que de la confection. » C'est la tradition des temps héroïques de l'art. Autrefois, le même homme était, tour à tour, la tête qui conçoit et dirige, le bras qui exécute, la main experte qui ciselle ou modèle, ou enduit. Aujourd'hui, malheureusement, les différents artistes sont aussi étrangers les uns aux autres que des gens de professions très diverses. « Par cette division, dit Ruskin, vous ruinez tous les arts à la fois. L'académicien devient superficiel et efféminé parce qu'il n'est pas accoutumé à se servir de la couleur en un large espace et sur des matières difficiles à recouvrir. Les manufacturiers deviennent vils, parce que personne de bien formé, au point de vue intellectuel, ne leur tend la main. Il faut donc admettre non seulement comme une opinion juste en soi, mais comme une pratique nécessité, que partout où une belle couleur doit être posée, vous devez employer un maître de la peinture, et partout où une noble forme doit être réalisée, un maître de la sculpture [10]. » C'est ce que font les Anglais, dans leur société d'unions des arts et des métiers, *Arts and Crafts*, qui a ses expositions où l'ouvrier signe son travail, comme le membre de la Royal Academy sa toile. Les plus délicats de leurs artistes, les plus subtils de leurs penseurs appliquent leurs rêves à des dessins de carpettes ou à des devants de cheminée. Burne-Jones décore des poêles de faïence et des pianos, peint des mosaïques pour les églises ; Herkomer dessine minutieusement les ornements d'un service de table, Walter Crane, Richmond, Holiday et vingt autres consacrent le plus rare talent aux besognes les plus vulgaires, et quand vous êtes dans le restaurant du musée de South Kensington, regardez autour de vous : c'est au milieu d'une décoration enchanteresse du grand poète William Morris ; c'est environné des figures inspirées par le grand symboliste Burne-Jones, que vous mangez votre venaison à la gelée de groseilles, ou vos prunes à la rhubarbe ! Produite ainsi par tous, l'œuvre d'art restera-t-elle le privilège de quelques-uns, comme le tableau de chevalet ? — Non, il faut qu'elle devienne la propriété de tout le monde. Alors, elle sera vraiment l'œuvre utile par excellence. « Quand vous verrez des teintes délicates et harmonieuses et de beaux modèles dans les fabriques de fenêtres ; quand vous verrez de jolies robes dans la rue exprimant les belles formes de celles qui les portent avec la grâce qu'ont les Heurs ; quand vous sentirez un certain sens de rapport, d'harmonie des teintes dans les plus vulgaires arrangerons de papier et de peinture dans vos intérieurs ; lorsque vos chaises et vos lits montreront des lignes gracieuses ; lorsque vous trouverez, sur la table, des livres qui auront été considérés par leurs imprimeurs et leurs dessinateurs comme des œuvres d'art autant que de littérature, et ainsi donneront un double plaisir puisqu'ils satisferont plus qu'un de vos sens, alors vous commencerez de penser que quelque chose est survenu, qu'un esprit nouveau a soufflé sur le pays pour que de tels raffinements soient possibles au moindre citoyen, en pensant qu'on n'eût pu, autrefois, les obtenir ni pour or ni pour amour [11]. » — Si l'on veut cependant utiliser les grandes conceptions des créateurs de palais, de tableaux, de pompes aristocratiques, qu'on les utilise du moins à des palais où tout le monde peut aller, à des tableaux que tout le monde peut voir, à de grandes manifestations populaires. Nous avons vu que c'est l'idée de Watts. C'est aussi celle de Ruskin, et il estime que les grandes œuvres du moyen âge doivent à cette idée leur naissance et leur éclat. « La première condition de vie pour l'art, c'est qu'il exprime des choses vraies ou qu'il embellisse une chose utile. A l'époque bénie du XIIIe siècle, l'art exprima une religion que les âmes étaient alors capables de comprendre et orna les édifices de citoyens qui mettaient leur plus grand bonheur dans l'honorabilité privée et la magnificence publique. Nous disons publique, car les mœurs étaient simples et c'est pour les monuments du peuple tout entier que travaillaient ces peintres, ces sculpteurs, ces joailliers, ces forgerons, ces brodeurs, ces charpentiers qui formaient, avec les marchands, un important tiers-état. C'est l'époque où l'on construit le canal de *Naviglio grande* qui amène à Milar, les eaux du Tessin à trente milles de là, les murs de Milan, les deux entrepôts de Gènes et les murs de leurs quais et de leurs aqueducs. Ces immenses travaux faisaient surgir des légions d'ouvriers et d'artistes qui, en ce temps-là, se confondaient, chaque artisan étant un peu artiste. On les paie raisonnablement ; ils ne sortent pas de leur caste, et travaillent noblement et simplement pour la cité le mieux qu'ils peuvent [12]. » — Ainsi compris, l'art moralisera vraiment le peuple, parce qu'il ne sera plus une chose étrangère à sa vie, qui se passe au-dessus de lui comme la diplomatie, sans qu'il y donne sa peine, sans qu'il y prenne son plaisir. Il moralisera, parce qu'il sera l'ennoblissement de l'ouvrage vulgaire et journalier « qui apportera à l'ouvrier du plaisir et de l'espoir au lieu de la crainte et de la peine, et deviendra enfin *l'Art pour le peuple et par le peuple,* — une joie pour celui qui l'a produit comme pour celui qui s'en sert [13]. »

Certes voilà de nobles buts : il en est un cependant qui, sans doute, dans l'esprit des Anglais, les dépasse, dont ils parlent moins peut-être, mais auquel ils pensent davantage. Il ne suffit pas que l'art soit suggestif, soit didactique, soit moral, soit populaire : il faut encore qu'il soit national. Il faut qu'il soit anglais. A part de rares exceptions, l'ensemble des grands artistes britanniques est nettement opposé à toute influence étrangère, c'est-à-dire française. De Watts, de Hunt, de Burne-Jones et de toute l'école de Burne-Jones, les Strudwick, les Holiday, les Stillmann, les Rooke, les Walter-Crane, les Spencer-Stanhope, les Spence, c'est trop évident. De la part d'Alma-Tadema, c'est moins visible ; mais cependant nous ne devons pas oublier l'originalité de sa composition et sa formation à l'école du baron Wappers. Leighton, qui a étudié à peu près partout, a moins étudié en France qu'en Italie et qu'en Allemagne, et Herkomer n'y a pas étudié du tout. Millais, enfin, qui, comparé à ses collègues, ressemble à un Français, se sépare tellement de nous par sa couleur qu'on distinguerait ses toiles entre mille des nôtres. Leurs critiques les exhortent à demeurer Anglais avant tout. M. Phillips dit de Walker « qu'il avait cette qualité spéciale, qui ne pourra jamais être prisée trop haut, que, dans ses innovations, il demeure national de sentiment et de caractère, » et il ajoute que, « quelque tâtonnant et incertain que pût être, sous certains rapports, l'art de cet innovateur, cela seul que c'était une chose née du terroir et nationale au point de vue de la couleur, fit son succès. » M. Harry Quilter dit de Poynter que « son éducation a été de la méthode la plus insulaire ; ses sympathies pour l'art moderne très faibles. Ce que les Français appellent *les grands contours du dessin* manque totalement chez lui. » Mme Barrington, faisant l'éloge de Millais, nous apprend que « son sentiment est invariablement pur, transparent et profondément sain, et que ces qualités contrastent heureusement avec les épouvantails grossiers et les suggestions désagréables, si notables dans l'art que patronne le goût français. » Et pour que nous sachions au juste ce qu'est le goût français, elle nous avertit ailleurs que c'est, « en matière de sentiment, la recherche de la médiocrité. » Ruskin dit en s'adressant à ses élèves : « Il faut regarder les Grecs quelquefois, non pas continuellement, et jamais comme des modèles à imiter. Car vous n'êtes pas des Grecs, mais, meilleurs ou pires, vous êtes des Anglais, et vous ne pouvez pas, quand même vous feriez mille fois mieux que vous ne faites, produire quelque chose de bon en dehors de ce que vos cœurs anglais vous inspireront et ce que les cieux de l'Angleterre vous enseigneront. » A l'autre pôle de l'esthétique, Millais dit de même : « Il y a parmi vous une bande de jeunes gens qui, quoique Anglais, s'obstinent à peindre avec un accent français bâtard, tous paraissant désireux et satisfaits de perdre leur identité dans l'imitation de maîtres français qu'il leur est absolument impossible, de par leur constitution et la nature des choses, de copier avec honneur soit pour eux-mêmes, soit pour leurs modèles. » Et aucun ne met en doute que les cœurs et les cieux de l'Angleterre ne puissent inspirer un art supérieur à celui de tous les temps et de tous les pays. « Voici une esquisse de quatre têtes de chérubins, d'après Reynolds, à Kensington, qui est une chose incomparablement plus belle que tout ce que les Grecs ont jamais fait, » dit Ruskin. Et Millais : « Placez un Rembrandt de premier ordre, un Reynolds de premier ordre et une œuvre contemporaine de premier ordre côte à côte ; jugez-les en tenant compte de la différence apportée entre eux par la patine du temps, et vous trouverez qu'il y a peu de sujets de gémir de la décadence

de l'art. Au contraire, vous serez fiers de notre art d'aujourd'hui. »
— Ils tirent leur espoir de rapprochements fort inattendus et,
dans les *Deux Chemins*, il y a une boutade de Ruskin qui vaut
toute une esthétique : « L'empire des mers, dit-il, semble avoir été
associé, dans le passé, avec l'empire des arts. Athènes eut les deux
ensemble, Venise aussi. Mais pour autant que notre puissance sur
l'Océan dépasse la leur sur l'Egée ou l'Adriatique, nous devons
nous efforcer de rendre notre art plus largement bienfaisant que
le leur, quoiqu'il ne nous soit pas possible de le rendre plus noble,
et ainsi de réaliser, dans leur sens impératif comme dans leur sens
prophétique, ces grandes paroles du vieux Tintoret :

Sempre si fa il Mare maggiore. »

Ainsi vu dans son ensemble, l'art anglais contemporain est né
d'un grand effort, d'une haute et prodigieuse obstination vers
le noble, vers le philosophique et vers le national. Il n'est pas sorti
spontanément, comme chez nous, de la joie d'admirer, de la joie de
voir, du bonheur d'oublier, pour la splendeur plastique de la nature
et des êtres qui y vivent, l'indifférence de cette nature, les bassesses
de ces êtres et jusqu'aux tourments de sa propre pensée. C'est un
enfant du Devoir ; ce n'est pas un enfant de l'Amour. Il est venu en
ce monde, soit pour ennoblir la vie, soit pour enseigner la vie, soit
pour améliorer la vie. Il n'est pas venu pour vivre de sa vie propre,
libre, joyeuse, pour s'épanouir sans tuteur moral ni philosophique,
avec toute la verdeur et l'opulence des vignes du Midi. Il a visé
tous les buts, sauf celui d'être lui-même, comme nous supposons
que Dieu est, — pour rien, pour le seul plaisir d'être. Ainsi l'art
anglais tient à tout : à la science par ses minuties, à la psychologie
par ses gestes, au patriotisme par son autonomie. Il n'y a qu'au
Beau lui-même qu'il ne se rattache pas nécessairement et qu'il ne
cherche pas à se rattacher. Il plonge ses racines loin, bien loin dans
la terre qui l'a vu naître. Il sort de la vie et des rêveries nationales,
du moins en ce qu'elles ont de plus noble et de plus élevé ; il
puise ses inspirations dans les idées, les sentiments, les préjugés
de la classe la plus intellectuelle de son pays. On déchirerait un
drapeau anglais, si l'on déchirait telle toile de la National Gallery !
Ses maîtres sont autonomes, sont anglo-saxons ou bretons, sans
réticences, intrépidement ; et s'il était vrai qu'un grand peuple qui
s'exprime produit nécessairement un grand art, l'art anglais serait

le plus admirable des arts contemporains.

Maintenant, ce grand effort doit-il être méprisé ? doit-il être imité ? Ni l'un ni l'autre. Non seulement on ne peut le blâmer, mais quand on songe à la noble carrière d'hommes comme Watts, comme Hunt, comme Burne-Jones, on regrette que la largeur du dessin ne soit pas la récompense nécessaire de l'ampleur des idées et que l'harmonie des couleurs se puise à d'autres sources que la dignité de la vie. On regrette qu'il soit ainsi prouvé que la culture intellectuelle et morale de l'homme, la compréhension profonde d'un sujet, le labeur acharné de la main, le sentiment de la haute mission de l'art, ne suffisent pas à produire une bonne peinture, et que ce soient les Anglais qui en fassent la démonstration. On est peiné d'apercevoir qu'en vain s'exprime par les beaux-arts le peuple le plus particulier dans ses vues, le plus national dans ses allures, le plus inimitable par le rôle qu'il joue dans le monde : s'il n'a pas encore l'œil délicat du coloriste et la main sûre du dessinateur, il produit peut-être des œuvres intéressantes, jamais de belles œuvres. Devant ces tableaux où le côté suggestif du sujet est saisi mieux, et le côté plastique moins bien que partout ailleurs, on s'émeut de voir que certaines théories soutenues par les plus éminents esprits, appliquées par les mains les plus consciencieuses, soient démenties par les faits. Mais on salue cette erreur comme la plus noble qui fût jamais. On considère de telles tentatives comme de ces échecs qui font plus d'honneur à l'humanité que bien des victoires, et l'on rêve que, peut-être, dans l'ordre immatériel du monde où rien ne se perd, elles créeront pour l'avenir et pour la nation qui les a vues naître des droits au succès.

Quant à les imiter, ce serait pire encore que de les méconnaître. Ce n'est pas que les Anglais ne possèdent justement quelques-unes des qualités qui manquent le plus à nos peintres : l'étude approfondie d'une donnée, la conception sérieuse d'un sujet, la recherche obstinée du geste inédit, et que, si l'on pouvait tenter en esthétique ce que l'on fait si bien maintenant en agriculture : la *restitution* précise de l'élément de vie qui fait défaut au sol, nous ne pourrions tirer de leur exemple une leçon et un appui. Mais d'abord, l'imitation grossière qui consiste à pasticher les formes qu'un artiste donne à ses figures, à copier ses tours de têtes, ses équilibres de gestes, ses artifices de composition, est toujours une faute, — le modèle fût-il Raphaël ou le Vinci. La seule imitation intelligente consiste à s'inspirer de l'idée directrice d'un art, non de ses résultats, à observer ses règles, non ses exemples, à puiser à ses sources, non à ses fontaines. Ainsi, l'idée préraphaélite est qu'il faut être soi : en copiant des formes préraphaélites quelconques, on devient un autre. Ce raisonnement : Burne-Jones est original, or je ressemble à Burne-Jones, donc je suis original, peut avoir du prix comme syllogisme, mais n'en est pas moins absurde. Ruskin a écrit : « La seule doctrine ou le seul système qui me soit propre, est l'horreur de ce qui est doctrinaire au lieu d'être expérimental et de ce qui est systématique au lieu d'être utile : ainsi, aucun de mes vrais disciples ne sera jamais un *ruskinien*, — il suivra, non ma direction, mais les sentiments de son âme propre et l'impulsion de son Créateur. » Et tous les préraphaélites pensent de même. Par conséquent, les imiter, c'est ne pas les comprendre ; leur emprunter des formules, c'est violer leur mot d'ordre ; les suivre, c'est les abandonner.

Mais il y a une autre imitation possible. Elle consiste à s'inspirer des idées qui ont fait l'originalité de Watts et de Burne-Jones, à remonter à la source d'où ils sont sortis : cela aussi est un danger. Car l'habileté ou la gaucherie, la tendresse ou la force, le piquant et l'attirance mêmes de ces maîtres ne doivent pas nous faire oublier que cette source est artificielle et que l'artifice n'est pas de l'art. Le plaisir un peu paradoxal que nous prenons à leurs déviations de la nature, à leurs raffinements de la grâce, à leurs exagérations du sentiment, à leurs néologismes de style, à leurs subtiles grimaces, à leurs mystérieuses gesticulations, à toutes ces intentions d'agir sur notre cerveau plutôt que sur nos yeux, ne doit pas nous entraîner hors de la pleine lumière et de la franche beauté. Car ce plaisir est au fond plus intellectuel qu'esthétique : c'est celui qu'on prend à Shelley et à Swinburne : ce n'est pas celui qu'on prend à Van Dyck ou à Velasquez. Il flatte notre vanité de penseurs plus qu'il n'excite notre tendresse d'artistes. Il est mêlé de retours égoïstes, de curiosité psychologique, de fatuité intellectuelle. On peut le goûter un instant, comme une liqueur sans nom et sans âge, un produit de crus différons, qui amuse le palais en l'intriguant. Mais il ne faut pas en faire sa boisson habituelle, ni surtout en colporter la recette et en recommander la fabrication. Car si le flacon importe peu pourvu qu'on ait l'ivresse, il importe beaucoup qu'on ne mêle pas tous les flacons ensemble, parce qu'à ce jeu ce n'est plus l'ivresse qui se gagne, mais l'ivrognerie, et le goût est pour toujours émoussé. L'artiste intellectuel, l'artiste psychologue, l'artiste *intentionniste*, en un mot, se donne des peines infinies pour exprimer, en dix ans et dans un grand tableau, des sentiments que son confrère, le poète ou le romancier, nous procurera, en dix lignes, plus vifs, et plus profonds. Et pendant ce temps, il oublie de nous procurer des sensations que le littérateur ne pourra jamais nous donner. Quand par hasard Benozzo Gozzoli veut nous expliquer théologiquement le *Triomphe de saint Thomas d'Aquin* sur Guillaume de Saint-Amour, ou quand le Pérugin tente d'illustrer les idées d'Isabelle de Mantoue sur le *Combat de l'Amour et de la Chasteté* (deux toiles de la galerie des Primitifs, au Louvre), ils nous donnent une théologie fort obscure, un poème fort embrouillé, mais en revanche ne nous donnent pas leurs merveilles plastiques des Uffizzi ou du palais Riccardi. Induire l'art plastique à exprimer l'âme humaine, c'est donc tout simplement le supprimer en le faisant rentrer dans un autre, qui ne s'en trouve pas notablement enrichi. Car dès qu'on veut rendre un tableau suggestif, on surcharge la composition, on bistourne les membres, on multiplie les détails, pour que nous soyons avertis de la pensée de l'auteur ou jetés dans le champ des hypothèses. On ne choisit plus les formes pour leur beauté, ni même pour leur vérité, mais pour leur signification, ou pour leur mystère. On fait en quelque sorte des rébus.

Le rébus anecdotique d'Hogarth d'une part, — le rébus psychologique de Burne-Jones, de l'autre, — toute la peinture anglaise oscille entre ces deux termes qui semblent extrêmes, et qui se touchent pourtant, si l'on regarde combien ils sont éloignés du point de vue normal auquel doit être traité un sujet plastique. Et la volupté qu'un esthète goûte à deviner le sens de tel rébus de Burne-Jones ressemble beaucoup au plaisir que prend quelque bureaucrate à pénétrer le secret de ces petits tableaux symboliques qu'on trouve à la dernière page des journaux illustrés. Assurément ce plaisir est légitime, mais il n'est guère esthétique et ne peut servir d'étalon pour mesurer les œuvres d'art. De toutes les erreurs qui menacent l'art contemporain, de tous les paradoxes de l'impressionnisme, les naïvetés du réalisme, les partis pris de l'académisme, de toutes les fadeurs et les grossièretés, de toutes les ignorances et les présomptions, il n'en est pas de pire que la théorie de l'intentionnisme dans l'art, parce qu'il n'en est pas qui supprime l'art plus sûrement. En suivant les autres chemins, on s'égare dans le domaine esthétique ; en suivant celui-là, on le quitte. N'abandonnons pas, n'abandonnons jamais les belles qualités françaises de logique, d'ordonnance, d'harmonie, de simplicité et de mesure, qui furent italiennes, qui furent espagnoles, qui furent même flamandes, aux temps où l'Italie, l'Espagne, les Flandres se trouvèrent, tour à tour, les terres ensemencées par le Dieu inconnu qui donne les artistes, ou servirent d'asile à ce vagabond qu'on nomme le génie. Mais si nous devons les sacrifier un jour, que ce soit du moins à quelque grand parti pris d'ordre plastique, où le sentiment esthétique ait surtout à s'exalter, où la joie des yeux soit surtout conquise, où nous ne trouvions pas une chose de philosophie, qui est un tourment, ni une chose de littérature, qui est une vanité, mais une chose de beauté, une de celles dont Keats nous dit, dans un vers admirable, qu' « elles sont une joie pour toujours ! » Gardons-nous surtout des théories qui prétendent agrandir le rôle de l'art en le réduisant à servir de truchement à des idées ou à des sentiments, à des affirmations ou à des doutes, qui donnent à l'artiste une autre mission que celle d'exprimer le Beau, — le Beau sans phrases, le Beau sans intentions, le Beau sans apostolat, — comme s'il était quelque chose au monde qui méritât que le Beau se fît son serviteur, son interprète ou son héraut ! Gardons-nous de l'erreur qui croit étendre l'art en l'égarant, l'approfondir en ruinant sa base, l'élever en l'asservissant ! Quand on se promène dans la salle ombrienne, à la National Gallery, on voit un petit tableau de Raphaël qui date de sa dix-septième année : *le Songe du Chevalier*. Un jeune seigneur, habillé de fer, s'est couché sous un mince laurier sans ombre ; à sa droite et à sa gauche se dressent deux femmes diversement parées. L'une lui tend un livre sévère et une épée nue ; l'autre un brin de myrte fleuri. La première est le Devoir, la seconde est le Plaisir. Le bel adolescent, pourtant, au moment de franchir le seuil de sa vie d'homme, s'est arrêté là, et il dort ; il dort avec grâce, il dort avec bonheur sur ce vieux bouclier qui murmure à son oreille des airs de bataille. Il laisse les deux bras de femmes tendre vers lui, infatigablement, leurs présents, comme si c'étaient de simples branches d'arbres terminées chacune par un beau fruit mûr. Ces deux figures sont si tentantes que l'astucieux enfant voudrait peut-être bien retenir l'une sans perdre l'autre, les suivre toutes les deux à la fois, et dans l'indécision où il est, dans sa paresse de prendre un parti, pour se donner un peu de temps encore, il prolonge son sommeil, pensant que tant qu'elles le verront dormir, ces deux déesses ne le quitteront pas. — Et voici quatre cents ans qu'il dort, toujours sollicité, toujours indécis, et sans doute le chevalier de Raphaël ne se réveillera jamais... Cependant à l'arrière-plan brillent de beaux horizons bleus où l'on aimerait à promener ses joies et ses tristesses, loin de l'espace et du temps, et à respirer cette atmosphère éternelle qui baigne, dans les œuvres d'art, les figures qu'un peintre, qui n'a vécu qu'un jour, a créées...

Tout artiste jeune, inquiet, curieux des voies nouvelles, qui va en Angleterre et qui tombe dans une rêverie, en regardant la *Briar rose* ou l'*Amour et la Mort*, ressemble à ce *Chevalier endormi*. Non qu'il soit sollicité entre le bien et le mal, mais en ce sens que les deux formes d'art qui l'appellent ne sont que des divinités de rêve ou que des mirages de sommeil. D'un côté, une nymphe de Burne-Jones lui présente le myrte de la légende ; de l'autre, une Vertu de Watts lui tend l'épée nue de la morale. En suivant l'une ou l'autre, il se perdrait assurément. Qu'il regarde plutôt, à l'arrière-plan, ces chemins qui serpentent, ces vallons qui se recourbent, ces monts qui bleuissent, ces eaux qui s'enfuient. Qu'il retourne encore, qu'il retourne toujours vers la Nature, la seule conseillère qu'on puisse écouter sans défiance, la seule charmeresse qu'on puisse suivre sans remords. Les peintres anglais sont de grands tentateurs : admirons-les, ne les suivons pas.

NOTES

1.   Voyez la Revue du 1er octobre, du 1er et du 15 novembre 1894.

2.   Vicomte E.-M. de Vogue, Remarques sur l'Exposition du Centenaire.

3.   Voyage en Italie. II. La Peinture florentine.

4.   Je demande la permission de citer, en ces matières techniques, le mot anglais, parce qu'il se trouve être parfois le seul à préciser une qualité ou un défaut, ou une opinion qui, n'existant pas en France, n'ont pas de terme qui les traduise exactement.

5.   Modern Pointers, vol. III. The Rocks et Of Modern Landscape.

6.   Modern Painters, vol. IV. Of Turnerian Light.

7.   The Magazine of Art, 1888.

8.   Collingwood, The Art teaching of John Ruskin.

9.   Modern Pointers, vol. II. Of the foreground.

10.   Aratra Pentelici, Of the division of Arts.

11.   Walter Crane, The english revival of decorative Art.

12.   Val d'Arno, passim.

13.   William Morris, Hopes and fears for Art.

ISBN : 978-1724670496